Marketta Sihvo

História do LAX VOX® - exercício de tubo

Marketta Sihvo

História do LAX VOX® - exercício de tubo

Primeiros Socorros Rápidos e Auto-Cuidado Vocal

ScienciaScripts

Imprint

Any brand names and product names mentioned in this book are subject to trademark, brand or patent protection and are trademarks or registered trademarks of their respective holders. The use of brand names, product names, common names, trade names, product descriptions etc. even without a particular marking in this work is in no way to be construed to mean that such names may be regarded as unrestricted in respect of trademark and brand protection legislation and could thus be used by anyone.

Cover image: www.ingimage.com

This book is a translation from the original published under ISBN 978-620-2-01482-3.

Publisher:
Sciencia Scripts
is a trademark of
Dodo Books Indian Ocean Ltd. and OmniScriptum S.R.L publishing group

120 High Road, East Finchley, London, N2 9ED, United Kingdom
Str. Armeneasca 28/1, office 1, Chisinau MD-2012, Republic of Moldova, Europe
Printed at: see last page
ISBN: 978-620-7-69924-7

Índice

PREÂMBULO

No ano de 1991, ouvi pela primeira vez o argumento "menos é mais" numa conferência realizada em Reykjavik. - Do mesmo modo, as sensações corporais provocadas pelo exercício de voz com o tubo na água parecem parecer uma piada para um novo aprendiz de voz e surpreendê-lo a rir-se em conjunto. É uma sensação de alívio. É como o canto dos pássaros que nos toca, varrendo o nosso nervosismo. Desperta a curiosidade. Pode tocar um novo canto de inspiração no nosso cérebro, e concentrar-se de forma otimista em futuras tarefas vocais. O nome LAX VOX para o tubo foi uma das ideias mais esclarecedoras para mim.

Já me perguntaram muitas vezes como é que eu tive a ideia de utilizar este tipo de ferramenta para cuidar da voz. Bem, surgiu-me como qualquer invenção, por acidente. Foi como um nevão vindo de um céu limpo ou como encontrar as peças de um grande puzzle. O processo seguiu evidentemente as mesmas regras que muitas invenções. Claro que isto tem algumas raízes na minha vida passada. Eu tinha uma visão, a necessidade compulsiva e o desejo de encontrar ou inventar uma forma eficaz de transmitir o modelo e o conhecimento do uso fisiologicamente saudável da voz aos pacientes vocais que me eram confiados.

É um desafio ambivalente para mim escrever sobre ele, uma vez que os meus lemas são "menos é mais" e "aprender fazendo". Agora, para poder escrever sobre o meu exercício popular, tenho de analisar a minha forma de pensar e considerar esse "como" com mais exatidão. Na minha terapia e nos workshops, dei simplesmente um tubo e uma garrafa de água a cada ouvinte e, no final da sessão, uma folha de instruções escritas para levar para casa. Estou habituado a exprimir as minhas opiniões sobre o exercício "alto e bom som".

Agora, estou a fazer o meu melhor para transmitir as dicas para o exercício LAX VOX - verbalmente por escrito. Como me disse o meu neto, uma imagem vale mais do que mil palavras. Tirei e acrescentei fotografias para clarificar o texto. Há histórias de casos que pareciam não ter solução, mas que terminaram bem, graças ao exercício LAX VOX.

O verdadeiro núcleo deste procedimento terapêutico inclui: 1) a atitude **positiva**, 2) o instrumento simples, 3) **as percepções corporais dos próprios pacientes** durante a fonação num instrumento **palpável** mergulhado em água, 4) o início imediato da **repetição** diária e **independente** do exercício, e 5) o **diálogo** entre o terapeuta e o aprendiz, em sessões de terapia posteriores. Depois de se ter familiarizado com a ideia na primeira sessão de treino, o melhor avanço possível, dentro do estado físico e das capacidades do paciente, é 6) da **responsabilidade do próprio aluno.** - Aprender a evitar a sobrecarga vocal e a ajudar-se a si próprio em caso de sintoma disfónico seria o processo ideal de terapia vocal breve. Os pacientes levaram a sério este exercício lúdico e divertido que proporciona prazer e habilidade ao mesmo tempo

Os exercícios vocais tradicionais são baseados na prática e não em provas científicas. É normal nos estudos de resultados terapêuticos que a terapia vocal utilizada não seja explicada em pormenores repetíveis. É por isso que os resultados de diferentes estudos não são comparáveis entre si.

Quis testar as minhas ideias durante os meus últimos anos no ambulatório de foniatria do Hospital Universitário de Tampere. Investigámos o resultado num projeto de acompanhamento de um ano no contexto clínico. Este artigo deve ser considerado como uma descrição "exacta" do método que utilizei, sendo um dos dois terapeutas do projeto, descrito mais adiante neste livro. Utilizei o meu método de uma forma padronizada, tanto quanto é possível na interação humana terapêutica.

Obteve melhores resultados do que eu poderia esperar. As observações mostram que a maneira mais realista de estimar os resultados da terapia vocal é fazer o acompanhamento com questionários padrão, os relatos dos próprios pacientes sobre a sua voz e bem-estar. Espero que este método possa ser repetido em estudos e, especialmente, para iniciar a terapia da voz e a educação vocal no futuro. Chamo aos princípios do meu procedimento de terapia vocal breve "QUICK - terapia vocal breve", com o auxílio do tubo LAX VOX®". Partes do estudo incluído neste livro foram apresentadas num poster no **Simpósio Anual: Care of the Professional Voice em 2009.**

Agradeço a todos os que partilharam comigo o benéfico prazer do LAX VOX, e dedico este trabalho à minha família e aos meus colegas que participaram na recolha de material, e a todos aqueles que me encorajaram a partilhar os meus pensamentos, e a todos os curiosos em descobrir o que o tubo LAX VOX lhes permite conhecer e dominar.

Tampere agosto de 2017

Marketta Sihvo

A. Os passos para o tesouro

Antecedentes

O pano de fundo de todas as minhas actividades é a minha história de vida. Tenho mais recordações de cantar sozinho do que de falar, desde que me lembro. Durante os meus primeiros nove anos, a minha família viveu numa zona rural idílica, rodeada por um lago. Tanto quanto me lembro, antes da idade escolar, eu era uma menina solitária com dois irmãos muito mais velhos, sem amigas. Tinha liberdade para vaguear pelo amplo quintal e pelos jardins rodeados pelo lago, as águas encantadoras mas perigosas. - Pode não ser verdade, mas não me lembro de ter tido restrições para brincar no exterior.

Depois, o meu ambiente sonoro incluía vozes humanas naturais, belas e expressivas, e uma comunicação fácil. Adorava esse dialeto e ouvir a forma como os pregadores usavam a voz na grande igreja de madeira. Claro que também ouvia choro, gritos e choros, sobretudo eu próprio. O canto dos pássaros, outros sons de animais e várias "vibrações do ar" como as do fogo, do vento, da água e das árvores, por vezes trovões, davam informações encantadoras e assustadoras sobre a natureza. - Era divertido observar as vacas a mugir e ver como a sua barriga se movia para trás e para a frente. - As únicas máquinas ruidosas eram o aspirador, o rádio que não prestava, por vezes um autocarro que passava para lá do lago, ou um avião que aterrava no aeroporto mais próximo, e talvez alguma coisa causada pela agricultura.

Quando o meu pai chegou da guerra, fiquei com ele, porque a minha irmã mais nova precisava da atenção da nossa mãe. Eu cantava naturalmente sem pensar como é que isso acontecia. O meu pai era um profissional da voz. Na adolescência, interessei-me cada vez mais pelas suas reflexões sobre, por exemplo, a importância da inalação preparatória e a forma como a voz alta devia ser emitida. A partir dessa altura, coleccionei conhecimentos sobre a geração da voz, as técnicas de canto, a aprendizagem e o ensino, e o encontro com diferentes tipos de pessoas. Nessa altura, não havia muitos livros sobre a voz ao meu alcance. Mais tarde, pude ler e ver as imagens, por exemplo, do Brockhaus Konversations Lexikon. Dei uma vista de olhos e fiquei espantado com a forma como a geração da voz era descrita mesmo antes de 1908.

Por isso, passava muito tempo com pessoas adultas e idosas. Precisava de variabilidade, de novas experiências estimulantes. Muitas vezes testava e imitava vozes que tinha e ouvia, e via observando os cantores e oradores. Quando as pessoas cantavam em conjunto a partir do hinário, muitos homens inclinavam o corpo para a frente, com os cotovelos nos joelhos, mas com as costas e a cabeça bem assentes para cantar. As mulheres sentavam-se eretas. - Quando estava sozinho, fazia uma voz que imitava o modelo deles na minha mente, em qualquer sítio. Deitado na cama, mantinha um grande cancioneiro debaixo da almofada e cantava até adormecer. - Agora estou extremamente grato pela paciência e tolerância dos meus familiares e vizinhos, pois nunca nenhum deles comentou o meu uso da voz. - Bem, pediram-me para cantar para os convidados que faziam parte da vida social da família. -

Nunca me tinha apercebido do impacto que estas coisas têm essencialmente na minha mente muito sensível. Posso ser independente e tímido "quando toda a gente olha para mim". Isso pode já não ser verdade hoje em dia.

A nossa família mudou-se para uma cidade no sul da Finlândia, que era conhecida por ser um importante cruzamento ferroviário. Havia mais ruídos ambientais de fábricas, comboios e outro tráfego. - Aí fui convidada a cantar em coros e a fazer duetos com a minha querida namorada. Esse era um dos meus passatempos mais queridos. - Agora, as desvantagens do crescente desenvolvimento técnico trouxeram os ruídos altos, o ar seco e poluído, as condições de trabalho insuportáveis, incluindo a pressa e o stress. As experiências mentais têm impacto na voz como resultado das tensões musculares em torno do instrumento vocal.

Porque é que hoje em dia há tantos problemas de voz? - Quando andava na escola, tanto quanto me lembro, nenhum professor tinha voz disfónica. Nessa altura, as condições de ensino e aprendizagem eram ideais em comparação com as actuais. Não havia ruídos de fundo, pois todos os alunos tinham de se sentar nas suas carteiras e ouvir em silêncio. Tínhamos de nos levantar corretamente, com uma boa postura, para responder às perguntas do professor. A secretária do professor estava num pódio. Os alunos e os professores viam-se uns aos outros durante a aula. Durante os intervalos regulares, os alunos tinham de ir para o exterior para se movimentarem e brincarem no amplo pátio da escola. Na sala de aula, abria-se uma janela para apanhar ar fresco. Assim, todos nós tínhamos condições de trabalho saudáveis. Atualmente, tudo parece ser o oposto. Muitas pessoas não conseguem evitar os ruídos de fundo, a poluição atmosférica e a secura do ar que, atualmente, obrigam as pessoas a levantar demasiado a voz em vários tipos de ambientes de trabalho ruidosos. Isso passa despercebido e pode, de forma impercetível, tornar-se um hábito prejudicial.

Depois de terminar os doze anos de escolaridade, tinha o desejo ardente de cantar, mas não tinha coragem de o fazer. Havia também razões financeiras. Em vez disso, comecei a estudar filologia na Universidade de Turku e tive aulas particulares de canto com vários cantores antigos e famosos e em cursos de verão. Aprendi muitos exercícios tradicionais para a voz, mas não compreendi bem o trabalho corporal que os prejudica. Por conseguinte, não fui capaz de aplicar as competências dos exercícios no meu canto a solo perante o público. O meu último professor, o querido Raili Kostia, um cantor de ópera que trabalhou durante 14 anos numa casa de ópera na Alemanha, deu-me algo muito especial, mais auto-confiança. Reconheço agora que aprendi muito de "alguma coisa", mesmo com os outros professores.

No coro da Associação da Ópera de Tampere conheci o estudante de medicina Erkki Vilkman. Muitos anos mais tarde, após os meus estudos de mestrado no novo programa de logopedia da Universidade de Helsínquia, obtive o meu certificado para a profissão de terapeuta da fala, linguagem, audição, voz e comunicação. Tive então a sorte de me tornar seu colega na clínica ambulatória de foniatria do Hospital Universitário de Tampere.

Vilkman tinha uma visão para o laboratório da voz, para a medição instrumental da voz e para um projeto que visava a prevenção dos problemas de voz dos oradores profissionais e ocupacionais, centrando-se na melhoria das suas condições ambientais de fala, como a acústica da sala, o ruído de fundo e o ar ambiente. Fui convidada a integrar a equipa de investigação sobre o efeito das condições ambientais de fala na voz. O estudo foi apoiado pelo Fundo para a Segurança e Saúde no Trabalho. Nesse projeto, acrescentei os relatórios dos questionários subjectivos dos testandos às outras medidas de acompanhamento. O estudo incluiu a medição do Stimmfeldmessung (perfis de alcance da voz) e da pressão oral cinco vezes durante cinco horas de carga vocal. Aí aprendi muito sobre o comportamento vocal humano e a utilização de instrumentos. Escrevi a minha tese utilizando parte desse material. Hoje em dia, a pressão oral pode ser facilmente medida por programas computorizados para feedback na terapia.

A primeira melhoria possível poderia ser o ensino da ergonomia da fala aos futuros oradores profissionais e ocupacionais, como parte da sua formação. Deste modo, poderão proteger a sua voz e lidar com tarefas de fala exigentes em várias condições ambientais. Antes disso, a informação deve ser dada em palestras ou seminários antes de os empregados necessitarem de terapia vocal individual. O mais importante é considerar a acústica das instalações de trabalho construídas para a comunicação vocal.

- Tive intuição e "Begeisterungsfahigkeit" para aprender e testar novas técnicas de terapia e fui a inúmeras conferências de voz, às conferências anuais de voz de Filadélfia e às conferências de voz do Pacífico em São Francisco, e participei em todas as conferências pan-europeias de voz desde a primeira realizada em Londres. Fiz pequenas apresentações dos resultados dos estudos da nossa equipa e aprendi, por experiência própria, o que é que o stress vocal afecta a minha voz e como lidar com ele. Também aí a minha auto-confiança pode ter-se normalizado devido ao treino e à repetição, bem como ao feedback dado. Vi até os gurus a treinarem o seu discurso antes das apresentações.

1. A visão de uma nova atitude

Para ter uma nova visão dos obstáculos, mude a sua atitude.

1.

Tinha de encontrar **uma forma** de reduzir os tempos de espera para a terapia da voz. **Mudei** o foco **da** análise **dos erros dos** pacientes **e da** qualidade da voz **disfónica** para **as** suas competências, **expectativas e** necessidades.

O feedback dos pacientes demonstrou **o** sucesso do meu procedimento terapêutico. O meu sucesso deve-se à minha personalidade, que inclui: **experiências** de vida passadas, **curiosidade, criatividade, entusiasmo pelas** vozes humanas, sons, canto **e música, disponibilidade para** resolver **problemas e gosto por ajudar os outros**. A minha **formação** anterior em canto, aprendizagem, **ensino** e métodos de terapia **levou-me a** trabalhar com pessoas que sofriam de problemas de voz, devido a situações de **vida** dependentes do trabalho, a **doenças** ou ao **envelhecimento**.

A atitude positiva em relação à aprendizagem parece ter-se difundido durante muitas décadas com ideologias como a pedagogia Kodaly, o método Suzuki, a psicoterapia breve, a programação neuro-linguística e outras tendências semelhantes. São métodos educativos que se centram mais na experimentação e na repetição na prática do que na aquisição formal das regras.

A atitude positiva em relação à aprendizagem, ao ensino e à terapia foi convincente. Eu tinha recolhido as suas ideias principais inspiradoras: começar pelo mais simples que toda a gente consegue fazer, repetir até dominar, depois acrescentar alguns aspectos, etc.: "aprender fazendo" e "o que aprendeste hoje, podes ensinar amanhã". Há ditados latinos que dizem "repetition est mater studiorum" (a repetição é a mãe da aprendizagem) e "docendo discimus" (ensinando, aprendemos). É como uma competição consigo próprio. As ideias dos alunos são respeitadas. - Portanto, a minha ideia não era de facto nada de novo.

Apliquei essas ideias à terapia da voz. De forma otimista, decidi

apelar à inteligência do falante profissional saudável - pacientes (no hospital) ou - dos clientes, formadores ou alunos (noutro lugar). Decidi abandonar a tradição anterior de terapia vocal de longa duração, que consistia em enumerar as características disfónicas, os erros, e tentar evitá-los. Queria testar as minhas ideias durante algum tempo. Simultaneamente, a terapia breve diminuiu o tempo de espera dos pacientes na fila de espera e o número de pacientes vocais que foram ajudados.

Na altura em que comecei a trabalhar, havia uma tendência no ar para ser mais centrado no doente e menos autoritário, para ouvir atentamente os doentes e para responder aos seus desejos e necessidades individuais. Os meus pensamentos estavam de acordo com isso e tentei aprender novas formas de ajudar os doentes infelizes a ultrapassar os seus problemas de voz.

No domínio da logopedia, a disfonia era vista como uma questão difícil. A opinião comum era que vinte sessões de terapia por indivíduo deveriam ser o mínimo indispensável de sessões de terapia. Os resultados dependem do método de ensino e da relação mútua entre o paciente e o terapeuta. Não havia muitos especialistas em todo o país. - Infelizmente, muitas vezes a situação agrava-se para as pessoas disfónicas. Sem os conhecimentos essenciais sobre as técnicas vocais, continuam a sobrecarregar o seu instrumento vocal, falando demasiado alto e durante demasiado tempo, por vezes mais do que o realmente necessário.

A voz tem sido considerada uma coisa misteriosa, muito impressionante e um fator dominante na comunicação humana. É um tema delicado, íntimo e tímido para um orador.

Muitas pessoas não conseguem analisar o seu processo de geração de voz sem algum tipo de incómodo, apesar de usarem a sua voz continuamente. Imaginam que uma boa voz é uma habilidade difícil dos cantores, embora a voz seja como andar, "acontece connosco". Aprendemos a usar a voz para comunicar muito cedo na vida, ecoando os hábitos familiares de comunicação. Algumas pessoas limitam-se a falar até a voz se tornar rouca, inaudível, não soar bem, necessitar de muito esforço ou provocar sensações dolorosas na zona da laringe. Nessa altura, a incapacidade para o trabalho pode ser uma ameaça.

Mas a voz é trabalho, uma atividade muscular. Podemos até controlá-la conscientemente. Como já foi referido, o desenvolvimento técnico e digital trouxe consigo factores nocivos como o ruído de fundo e a poluição e secura do ar, devido aos aparelhos de ar condicionado! A outra parte na comunicação verbal é o sentido de receção, o ouvido e a audição. Ambas as partes sofrem das mesmas características acima mencionadas da vida moderna e das condições de trabalho. O fluxo de ar é indispensável para ambos.

- Continua a ser normal que mesmo a formação dos oradores profissionais não inclua o treino das competências necessárias para lidar com os factores de carga profissional. De facto, as dificuldades impostas pelas exigências profissionais à voz activam e motivam as pessoas a aprender a controlar e a cuidar da sua própria voz. Assim, as pessoas tornam-se conscientes do que já sabem sobre a sua própria voz e sobre os ambientes e condições de trabalho de sobrecarga.

Diferentes perspectivas para dar voz

* Voz - fenómeno físico invisível

* Geração de voz - função automática e espontânea, adoptada numa fase precoce da vida

* Produção ergonómica da voz - controlo consciente da voz, regulação do fluxo de ar através de um trabalho muscular adequado

* Aerodinâmica e biomecânica

* Anatomia e fisiologia

* Audiologia, análise acústica

* A voz como ferramenta de comunicação social no trabalho

* Terapia da voz, cuidados, cura e educação

Devido à crescente consciencialização dos problemas vocais profissionais, existem atualmente mais virologistas profissionais, cantores e treinadores de voz que ensinam a voz ou cuidam do bem-estar fisiológico e físico, ensinando relaxamento, massagem vocal, etc.

A crença comum tem sido a de que para conseguir a melhoria dos hábitos vocais pessoais. Tive a sorte de testar as minhas ideias de terapia vocal breve para ajudar os pacientes que procuravam alívio para os seus problemas de voz junto de um foniatra, que os podia encaminhar para a terapia. Todo o processo deveria ser menos moroso e mais barato.

A tradição da terapia vocal baseou-se nos exercícios utilizados na educação do canto. Os professores de voz escolheram os exercícios que se verificou funcionarem bem. A ópera e o canto clássico podem ser vistos como algo semelhante a uma acrobacia vocal que apenas algumas pessoas precisam de dominar. Os tópicos comuns no treino são os exercícios especiais para várias funções: para a postura, para a respiração, para o controlo da voz, para a concentração, para o toque, etc. Para os utilizadores de vozes normais, existe uma lacuna entre os exercícios de treino vocal e a fala fluente. Já conheci cantores cuja voz falada não funciona como esperado.

Além disso, as explicações verbais do terapeuta ou do professor de canto sobre as suas próprias sensações consistiam frequentemente em jargão, dialeto profissional especial, expressões imaginárias que são obscuras e incompreensíveis para os utilizadores de voz ingénuos e "normais".

Funções simultâneas na produção vocal

1.   Postura do sistema (instrumento)

2.   Respiração (tipo suspiro de inalação nasal)

3.   Início da vocalização, início da voz

4.   Controlo do tom e da intensidade sonora

5.   Tarefa vocal, etc.

É bastante confuso observar e controlar simultaneamente as numerosas funções. O caminho desde um simples exercício até à fala e ao canto pode estar cheio de obstáculos. Estes problemas são muito deprimentes e causam pessimismo. - A minha ideia foi utilizar as tarefas diárias de fala de cada doente como exercícios em casa e no trabalho.

3. A terapia vocal QUICK

Os doentes da voz podem não ter uma boa imagem de si próprios quando vêm pela primeira vez ao terapeuta. Muitos dos pacientes eram oradores profissionais, tendo trabalhado em más condições de fala, tarefas de fala exigentes, sofrido de problemas de voz e disfonia, e talvez de maus ambientes e stress psicológico. Alguns deles vivem em bairros distantes do hospital. Muitas vezes, faltaram ao trabalho, visitaram um médico ou um especialista da laringe que, por fim, os encaminhou para a consulta externa do hospital universitário, onde puderam encontrar um terapeuta da voz. Não estão dispostos a faltar um dia ao trabalho para ir à terapia e a perder o salário desse dia. Podem ter medo de perder a capacidade de trabalho ou de ficar desempregados. Os doentes stressados procuraram ajuda e estavam prontos para começar a fazer algo por si próprios. Precisavam de aconselhamento e orientação. Após um longo período de sofrimento, foi fácil estabelecer uma boa relação entre o paciente e o terapeuta.

ERGONOMIA DA VOZ[1]

---

1 Definição de ergonomia: ciência aplicada que se ocupa da conceção e organização dos objetos que as pessoas utilizam, de modo a que as pessoas e os objetos interajam da forma mais eficiente e segura... também designada por biotecnologia, engenharia humana, factores humanos. Utilizado pela primeira vez em 1949.

O equilíbrio deve ser encontrado entre a biologia, o uso da voz e a carga vocal. A terapia da voz e os cuidados com a própria voz ajudam o indivíduo a ter sucesso.

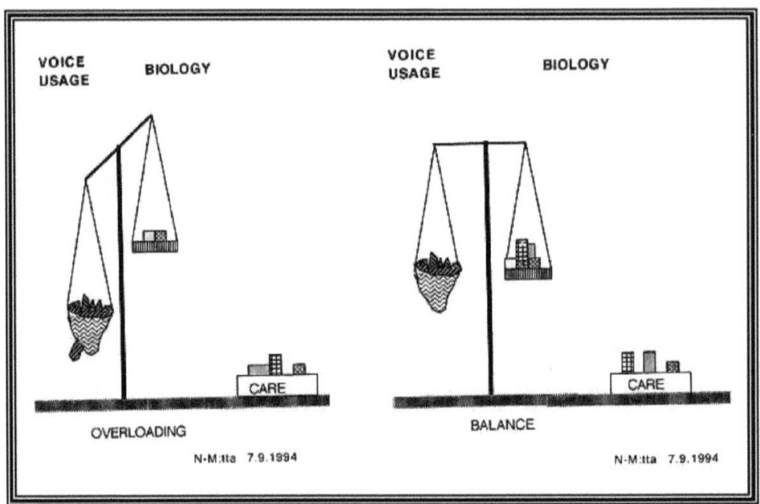

Causas comuns de problemas de voz

o Abuso e má utilização da voz

Factores ambientais

o Ruído de fundo

o Ar ambiente poluído e seco

o Acústica da sala, não adequada para falar

o Longa distância entre o orador e o ouvinte

Defeitos de audição

Doenças

Personalidade, etc.

Sintomas disfónicos comuns

❖ Rouquidão

❖ Interrupções de voz

- ❖ Cansaço vocal

- ❖ Falta de ruído

- ❖ Perda de voz

- ❖ Defeitos na qualidade da voz

- ❖ Sensações dolorosas

- ❖ Tensão, etc.

O meu **objetivo** ambicioso era encontrar uma varinha mágica ou algo que as pessoas recordassem sempre da primeira sessão e, mesmo depois de uma única sessão, compreendessem mais sobre a sua voz do que antes. Tentei guiá-los para que encontrassem a forma de cuidar da sua voz e de preservar a sua durabilidade! Devem assumir a responsabilidade do progresso e do sucesso treinando todos os dias em casa, e mesmo no trabalho, até evitarem intuitivamente o uso prejudicial da voz. Devem aprender a lidar com os riscos pensando de forma otimista, marcando os seus sucessos vocais e esquecendo os erros ocasionais e habituais do passado. "Em todo o caso", disse eu, "agora sabe mais sobre a sua voz do que a maioria das pessoas à sua volta". Os erros são expectáveis e ensinam-nos (mesmo ao terapeuta).

Quando a ergonomia da voz foi discutida, todos pareciam compreender em que tipo de sobrecarga estavam a trabalhar. A segunda coisa a fazer é alterar as condições individuais de fala, por exemplo, a distância, aproximando-se dos ouvintes, e escolher o melhor local possível, onde ficar durante a fala, em termos de acústica. - Posso ser otimista por natureza, mas decidi **ser positivo,** confiar na racionalidade do doente, aumentar a sua auto-confiança e não analisar verbalmente o comportamento do doente. - Falar com simpatia e com boa voz pode ser um truque para transmitir o comportamento vocal ergonómico. Em geral, fazemos eco do comportamento da autoridade. Demos bons exemplos.

Uma vez, senti-me muito desconfortável com uma professora de voz rouca. Ela falava muito alto, porque isso se tinha tornado um hábito no seu trabalho. Era difícil fazê-la acreditar no que eu tentava assegurar-lhe, que ela devia assumir a atitude de chefe durante as aulas. Ela estava sempre a dizer. "sim, mas na nossa escola é impossível evitar os gritos". A minha cara de dúvida pode tê-la deixado hesitante. Na vez seguinte, quando a encontrei, ela contou-me o seu truque. Tinha ido para a sala de aula, sem dizer uma palavra antes de as crianças estarem caladas. A partir desse dia, os alunos zelaram pelo bom comportamento e pela paz uns dos outros.

Quando me apercebi da importância de ter uma ideia clara e realista do significado do conceito do fenómeno físico "voz humana", comecei a fazer perguntas a mim próprio e a refletir sobre os temas:

1. "O que é a voz?"

A minha resposta é simples: é ar, um fluxo de ar vibratório recebido pelo ouvido e pela audição.

2. O que é uma "boa voz"?

Agora, em vez de enumerar as palavras que descrevem as más qualidades da voz, a minha resposta é: a boa voz é 1) fácil de produzir, 2) agradável de ouvir e 3) tem resistência nas tarefas exigidas na profissão da pessoa. Inclui competências vocais e cuidados pessoais com a voz.

Um dia destes encontrei um jornal antigo com a minha entrevista. O título era: *"Todos nós temos várias vozes"*. Isso significa que, no discurso espontâneo, os sentimentos, ou a falta deles, terminam a mensagem da expressão verbal. Isso também pode ser feito de forma intencional. Podemos decidir falar com gentileza em todas as situações, e isso pode acalmar e confortar os outros.

3. "Como é que eu aprendo melhor?"

A resposta é "fazendo", através do treino motor prático. - Este deve poder ser iniciado imediatamente após a primeira sessão de terapia vocal, e não na sessão seguinte. - Sou obrigado a dizer o que fazer!

4. "O que é necessário saber sobre a voz e a produção vocal?"

Não é necessário conhecer factos muito pormenorizados sobre o extremamente complicado gerador da voz humana. As sensações do corpo fazem com que as pessoas se apercebam das funções saudáveis do seu órgão da voz, tal como ele tem funcionado sem se aperceberem. O reconhecimento pode tornar-se o chamado conhecimento silencioso. Depois, apercebemo-nos dos nossos hábitos de usar tensões, pausas e variações de tom de voz que dão às palavras um significado especial. A voz é o espelho da nossa alma, transportando a mensagem para além do olhar, agora do outro lado do globo ou de um astronauta no espaço. O mais encantador é que o discurso eloquente é fácil de produzir e facilmente "captado" pelo ouvinte. Desperta o cérebro e o interesse do ouvinte também.

5.   "Qual é a melhor ordem para partilhar informações?"

O primeiro modelo é dado pelos próprios doentes, partindo da observação do mais simples "hmm", prosseguindo em pequenos passos individuais até à fonação e à fala mais complicadas, de acordo com as necessidades do doente. O mais simples pode ser a repetição da sensação simultânea de uma fonação /u:/- longa, onde algo aconteceu no corpo. Isto pode ser feito em diferentes vocalizações, e depois simplesmente discutir os factos reais.

6.   "Como é que se torna fácil compreender, acreditar e aprender?

Um facto é que acreditamos naquilo que nós próprios experimentámos e compreendemos, nas nossas próprias ideias. - Como criar experiências de sucesso para os doentes infelizes? - Bem, faça perguntas sobre as suas opiniões quando comparam os seus próprios desempenhos com as experiências anteriores. Em termos práticos, comece com tarefas fáceis que o doente consegue certamente vocalizar. Os exercícios devem ser interessantes, fáceis e eficazes. O decisivo é que os alunos gostem e se divirtam a repetir o exercício diariamente em casa, e sintam o progresso.

7.   "Quais são os conhecimentos de base do doente?"

Se o paciente não começar a sessão com a descrição do problema, pergunte-lhe e descubra o que ele pensa sobre a voz e a geração de uma voz saudável. Enquanto o paciente fala sobre o problema, o terapeuta pode ouvir a voz e aprender as ideias e o "dialeto" da pessoa. Depois, o terapeuta deve usar as expressões da própria paciente até que ela use as novas expressões.

Nesta altura, o objetivo desta sessão pode ser facilmente esquecido. Não devemos incitar demasiado à discussão de experiências passadas, mas sim olhar para o futuro com otimismo. - Nunca é demasiado tarde para aprender e tornar-se mais feliz.

Estas respostas levaram-me a desenvolver o meu método com os princípios que designei por terapia vocal breve e **rápida.** Pode ser chamado de "terapia vocal direccionada".

Qu significa perguntas

I para Inteligência, informação, conhecimentos

C de Consciência, controlo

K de "Knowledge and knowhow

Comecei a interação com todos os doentes fazendo-lhes a mesma pergunta inesperada que eu tinha feito a mim próprio, as perguntas que os podem ter "desarmado", "o que **pensa** que é essa voz?". Eles estavam à espera de outra coisa. Essa pergunta levou-os a pensar seriamente, a concentrarem-se, a ouvirem e a ficarem curiosos. A maior parte das pessoas afirmou que nunca tinha pensado no que é a voz. Alguns começaram a explicar para que fins a utilizamos. O meu comentário foi a explicação curta: "É o ar, a vibração da corrente de ar da expiração". "OH!", disse um miúdo de nove anos, "logo, é dióxido de carbono!" -

O tema "Como é que produzimos a voz no nosso corpo?" é o tema básico para a terapia da voz. Normalmente, quando falamos, inspiramos espontaneamente um pouco mais profundamente do que a respiração tranquila, ou seja, para criar uma pressão de ar suficientemente elevada por baixo das pregas vocais para oscilar a camada mucosa. É normal falarmos de ondas sonoras. Nas outras pessoas, notamos uma inalação preparatória intuitiva quando elas pretendem dizer algo.

Esta inalação preparatória é muito importante, é decisiva para um discurso fluente. Podemos dizer que a fala começa com ela. É percetível para as pessoas que estão a olhar para o orador, mas não a ouvem. Deve ser nasalado, mas não deve ser um ruído audível. Se isso acontecer repetidamente, o ouvinte sente uma tendência para se juntar ao ofegar desconfortável. Fica irritado porque a voz não tarda a deteriorar-se. A mucosa fica desidratada e a sua vibração necessita de mais esforço. Além disso, a cabeça inclina-se para trás e, como efeito dominó, a respiração deixa de ser óptima, etc.

Em vez disso, o orador deve fazer uma pausa, deixar o ar fluir e, em seguida, deixar o sistema nervoso central combinar o fluxo de ar com a necessidade das frases faladas a seguir, seja ela suave ou alta, alta ou baixa, e a duração da expressão. Isto acontece espontaneamente quando não temos pressa ou falta de tempo em mente. Falar demasiado depressa provoca a deterioração da qualidade da voz e pode iniciar-se um círculo vicioso de problemas de voz, terminando por vezes em nódulos vocais ou outras lesões nas pregas vocais.

- E os ouvintes ficam infelizes quando o rápido "enxame de palavras" e tópicos passa pelos seus ouvidos e cérebro. O discurso rápido sem paragens adequadas para inalação faz com que até o ouvinte se sinta sem fôlego. As pessoas explicam que têm pouco tempo e muito para dizer. A minha opinião é que devemos refletir mais cuidadosamente sobre a nossa mensagem e o que é necessário dizer, e dar tempo aos ouvintes para processarem a informação dada. De acordo com a minha experiência, ao fazê-lo, os ouvintes fazem perguntas. É mais importante responder à pergunta que eles querem ouvir do que partilhar todos os nossos pensamentos e conhecimentos.

Isso eu pedi a todos os pacientes, porque eu queria contar de forma simples e factual sobre o assunto, e criar o nosso "dialeto" comum e claro, usando os conceitos do paciente: antes "a voz era gerada intuitivamente" na pessoa e no corpo, a partir desse momento eles podem conscientemente "produzir voz" com o sistema respiratório. Uma ilustração clara dos pulmões está disponível na Internet w *ww. breathingcoordination. com*.

Os pulmões são a parte superior do corpo que fornece o ar. O diafragma é um músculo em forma de cúpula plana que se encontra por baixo deles e funciona automaticamente na direção vertical, comprimindo o ar para fora e relaxando para deixar entrar o ar, enquanto vivermos. A melhor maneira de aprender a conhecê-lo é concentrarmo-nos no movimento horizontal dos lados do nosso corpo. Podemos controlar a respiração alargando a caixa torácica. Esta alarga-se para a inspiração através da camada exterior dos músculos intercostais e contrai-se através da camada interior dos músculos intercostais. Isto torna-se mais claro se mantivermos o abdómen contraído. Verificamos que o peito se move mais. As numerosas musculaturas abdominais e dorsais trabalham em interação com o diafragma, e podemos usar o pensamento delas para o controlo da voz. As funções mais importantes que podemos controlar intencionalmente são **expelir o** ar e "esvaziar" os pulmões, ou **aspirar** o ar, retendo-o, quer impedindo que os lados relaxem ou desçam, quer fechando a glote ou a cavidade nasal (com a úvula) durante algum tempo. O fechamento da glote ou "ataque forte" é bastante evitável, pois a alta pressão sobrecarrega a musculatura laríngea. Raramente usamos as extremidades da respiração.

O fecho apertado da glote serve para tossir e engolir. Impede que o bolo alimentar vá para a traqueia e para os pulmões. Há mais dois mecanismos de fecho envolvidos, por falsas pregas vocais acima das pregas vocais e na parte superior da epiglote. A tosse é a forma intuitiva de retirar a partícula extra dos brônquios. A respiração **ofegante** é uma variação rápida das fases curtas de entrada e saída.

A voz é gerada pelos pequenos músculos vocais, as pregas vocais, situados lateralmente atrás da maçã de Adão. Estas correm por cima da traqueia, começando lado a lado a partir da frente. (Na parte de trás, as outras extremidades fixam-se em duas pequenas cartilagens móveis, que se afastam durante a respiração. Na respiração tranquila, a abertura é triangular. As pregas vocais são constituídas por várias camadas diferentes de tecido. Ao emitir a voz, os músculos das pregas vocais aproximam-se uns dos outros, de tal modo que a mucosa húmida e facilmente vibrante de ambos os lados se encontra, cortando rapidamente o fluxo de ar, sob controlo cerebral. Isto é a voz. Os músculos controlam o tom da voz, ou seja, a frequência da oscilação. - Aconselha-se o leitor a aprofundar este assunto na Internet, se necessário. Diz-se que a média da velocidade de vibração da mucosa vocal masculina é de cerca de 100 Hz, ou seja, 100 ciclos num segundo. A frequência média das pregas vocais femininas, mais curtas, pode rondar os 200 Hz. Esta diferença deve-se ao tamanho das cartilagens e da glote (zona das pregas vocais). Os homens têm pregas vocais mais grossas e mais compridas do que as mulheres. Por conseguinte, vibram mais lentamente. As vibrações consecutivas não são idênticas, mas variam muito. Se os impulsos consecutivos não variarem, a voz soa monótona, como um som proveniente de um robot. Não, graças à tecnologia digital, os robots podem falar como os seres humanos

Nocivos são os ataques demasiado fortes que surgem quando há, por uma razão ou por outra, tensões excessivas no sistema laríngeo que é propenso a muitos tipos de reacções, até mesmo a cargas psicológicas. Na tosse, na fala e no grito, os ataques fortes surgem quando as pregas vocais se chocam com demasiada força, em desequilíbrio com os outros factores.

Uma vez folheei o livro de canções da minha avó. No início desse livro, havia uma pequena canção que sempre me pareceu demasiado simples. Mas agora o texto chamou-me a atenção pela primeira vez: "Fica sempre em boa posição se queres cantar. Se a postura for torpe, a tua voz será apática". Respira sempre fundo..." "Articula as palavras com clareza... ". O livro é do ano 1927, 3rd edição. - Eles já sabiam tudo e ensinavam-no às crianças, cantando!

A postura corporal é tão importante na fala e no canto, porque o instrumento vocal humano necessita, tal como outros instrumentos, de uma posição sentada ou de pé óptima. Esta é uma postura direita. Assim, existe espaço suficiente dentro do corpo para os melhores movimentos possíveis necessários para a geração óptima da voz.

Na postura sentada, o peso do corpo deve ser equilibrado na cadeira, de modo a sentirmos o peso nos ossos que apontam diretamente para baixo. Aconselham-nos a sentarmo-nos nas costas da cadeira ou do assento. Nesse caso, a maior parte das vezes estamos desequilibrados e temos de procurar uma forma tolerável de nos mantermos aí. Agora somos aconselhados a sentarmo-nos num banco bastante alto, dependendo do nosso tamanho, onde os pés no chão nos apoiam, ou na parte da frente do banco. Caso contrário, o pescoço de muitas pessoas inclina-se para trás, tensionando o sistema laríngeo **na parte** frontal do pescoço **e restringindo os movimentos** respiratórios. Os erros de **postura** afectam muitas vezes a cabeça, o pescoço, os ombros e as costas, causando dores e rigidez, especialmente quando se está sentado numa cadeira desconfortável durante muito tempo. - Estou muito satisfeito por ter encontrado, **há** décadas, um **banco** cómodo **e ajustável** com um **assento** em forma de **triângulo. Chamo-lhe "quase de** pé". **As cadeiras modernas** são **caras, mas para o nosso bem-estar** vale a pena comprá-las.

A ilustração abaixo é da autoria de Iisakki **Harma** no livro **de** Sala, Hellgren, Ketola, **Laine**, Olkinuora, Rantala Sihvo, Aaniergonomian **kartoitusopas. Tyoterveyslaitos. Helsínquia, Finlândia.** 2009. A permissão para publicação é concedida.

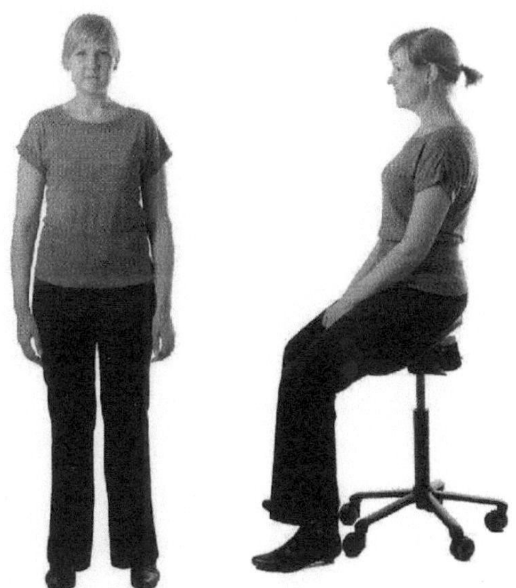

As vias respiratórias ou o trato vocal filtram o som "primário" do molho vocal de forma típica. Ao variar a configuração da cavidade, modifica-se o anel vocal. A língua e os lábios movem-se, variando as configurações, criando sons diferentes, as vogais. As suas interacções produzem as consoantes. A abertura da boca, a saída entre os lábios, torna a fala mais clara. Os sons variam entre indivíduos e entre línguas. Também variam entre modos de falar e exprimem sentimentos.

A informação é dada ao doente juntamente com ilustrações, com fotografias ou vídeos da sua própria função laríngea e, em primeiro lugar, com auto-observações. Também discutimos as exigências profissionais impostas à voz falada e pretendemos alterar as condições ambientais de fala e ensinar formas de manter uma boa voz.

As perguntas surpreendem-nos, deixam-nos curiosos e estimulam o seu pensamento. Chama a atenção diretamente para o objetivo, fácil de trabalhar, suportável, com uma voz agradável de ouvir. - Qualquer que seja a resposta do paciente, o terapeuta deve aceitá-la e, se necessário, dizer simplesmente: "a voz é um fluxo de ar vibrante! Sinta-o colocando a mão à frente da boca quando diz alguma coisa".

A maioria das pessoas nunca pensou na geração da voz, desde que a sua voz satisfizesse as suas necessidades. Quando esta falha, a laringe pode causar desconforto ou sensações desagradáveis. O médico pode ter visto uma lesão na mucosa da prega vocal. Normalmente, o cliente começa a explicar as suas experiências vocais stressantes. Há uma longa lista de qualidades verbais de má voz. Não é necessário entrar em pormenores ou perder tempo com explicações imaginativas. O terapeuta deve ouvir a sua voz e observar os seus hábitos de fala e também o vocabulário. Desta forma, o paciente e o terapeuta criam em conjunto um vocabulário comum adequado aos factos anatómicos e fisiológicos. Ambos os participantes devem saber e sentir o significado exato de cada termo. - Há pacientes que sabem muito sobre a produção da voz, mas precisam de ajuda.

Neste caso, lembre-se que menos é mais. A explicação deve ser dada de forma clara, em voz lenta, clarificada com algumas ilustrações. Ou então, o aluno pode sentir a área do seu sistema vocal. "Vês, reparas", "bom, consegues", "consegues controlar essas partes", etc., em tons encorajadores. Esta atmosfera positiva deve ser mantida. É habitual que a primeira tentativa de fonação dê as sensações de base. Mesmo as tentativas fracas são intuitivamente melhoradas quando repetidas. A terceira tentativa é geralmente muito melhor do que a primeira, se não a primeira. Desta forma, o terapeuta guia o cliente para encontrar a sua própria voz natural para várias tarefas. A voz é atividade, trabalho do aparelho vocal que podemos controlar, enquanto que o "recetor", a capacidade auditiva, é uma qualidade nata do sentido da pessoa, capacidade que diminui com a idade ou em acidentes. Como sabemos, a audição depende também da concentração, da escuta, do interesse, do desejo de ouvir e do ruído e da acústica circundantes.

4. Encontrar o tubo de silicone

O tempo de espera para a terapia vocal foi encurtado, reduzindo o número de sessões de terapia de vinte para três, quatro ou cinco, quando necessário. Eu não estava satisfeito com os métodos que tinha aprendido. Era necessário encontrar novas formas de responder às necessidades das pessoas que sofrem. Eu próprio experimentei os obstáculos de controlar a voz sob tensão. Era, e não é agora, um problema manter a boca fechada. Eu tinha conhecimentos sobre o assunto, curiosidade, criatividade, intuição e ainda não tinha a auto-confiança. Havia uma necessidade e eu conhecia o objetivo, mas não a chave para resolver esse problema. Isso incomodava-me muito. - No entanto, a boa relação entre paciente e terapeuta estabeleceu-se facilmente.

No outono de 1989, estava a fazer os preparativos para as medições do projeto de estudo. Tinha de ir à procura de um certo tipo de tubo fino adequado para as nossas medições da pressão oral. Procurei nas lojas e apalpei vários tipos de tubos e palhinhas até que toquei em tubos de silicone macios e flexíveis[2] em vários tamanhos, e fiquei espantado. Ali estava ele! - Os tubos de infância das plantas selvagens e das brincadeiras aquáticas à beira do lago recuperaram a consciência! Encontrei o instrumento para a terapia e o cuidado da voz! Comprei os finos de que precisava e várias amostras de vários diâmetros. - Depois de encontrar o silicone, preferi-o a outros materiais. É fácil, leve, económico, despreocupado, confortável e quente ao toque. Em princípio, qualquer ajuda pode ser testada, desde que não tenha efeitos secundários negativos. - Os testes aumentam a nossa compreensão. Mas o tubo de silicone inerte e flexível foi uma descoberta para mim! Não só é curvo como também é saltitante. Deixem o tubo dobrar-se, não o meu pescoço! - Testei as fonações no tubo e na outra extremidade em água, em casa, de várias maneiras, e fiquei com a certeza da excelência do silicone para o meu objetivo.

---

2 O silicone é um material sintético que possui várias propriedades únicas: não reage facilmente com os seus elementos ou compostos, ampla gama de temperaturas: -90 - +300; excelente resistência à radiação UV e ao ozono; ampla gama de arreios: 10-90 ShA; resistente ao óleo; biologicamente inerte; aprovado pela FDA (Food and Drug Administration).

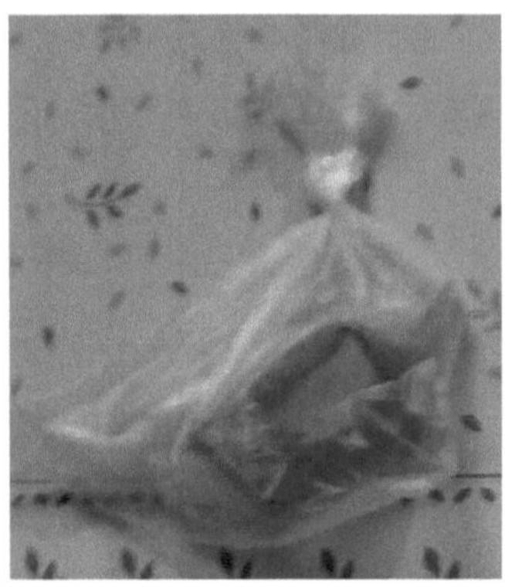

Pode ser mantido como um nó e
endireita-se sozinho, quando necessário.

Durante o primeiro ano da minha curta terapia, deixei os doentes testarem tubos de vários materiais (vidro, plástico, silicone) e tamanhos e compará-los. Todos escolheram o de silicone. O comprimento de 35 cm foi considerado confortável e o diâmetro de cerca de 10 mm suficiente para manter as articulações da mandíbula relaxadas durante o exercício. Isto é importante para as pessoas cuja articulação da mandíbula tende a apertar-se reflexivamente durante a fala. Desde a primeira tentativa com um doente, obtive um feedback sorridente e feliz. Um dia, numa paragem de autocarro depois do trabalho, lembrei-me do nome da minha ferramenta de silicone: tubo LAX VOX (lax < relaxar; vox = voz em latim).

O treino LAX VOX é adequado para a terapia de curta duração e para a possibilidade de autocuidado vocal "userfriendly". Pertence ao grupo dos métodos de aprendizagem modernos, económicos e que não consomem muito tempo. É leve e pode ser transportado no bolso ou numa mala, e usado preventivamente antes de falar, durante os intervalos e depois de terminada a tarefa vocal.

Combinei as minhas ideias anteriores de terapia QUICK com a utilização do tubo de silicone. Em pouco tempo, o sucesso levou-me, então um ser humano tímido, a dar o passo ousado de dar um workshop numa conferência de voz. Agora, já reformado há muitos anos, recordo os momentos felizes em que estava rodeado de jovens sorridentes a falar sobre o assunto. Lá estava ele!

Em 2003, a Conferência Pan-Europeia de Voz teve lugar em Graz, na Áustria. Aí voltei a dar um workshop. Um participante do sexo masculino fez-me uma pergunta sobre um campo a que não consegui responder.

O PEVOC seguinte teve lugar em Londres. No início da festa de convívio, na primeira noite, apareceu à minha frente um jovem sorridente que me disse: "Tinha tanto medo de não o encontrar aqui!" Era o otorrino Ilter Denizoglu, de Izmir, Turquia, o mesmo médico a cuja pergunta não consegui responder em Graz. - O tubo LAX VOX foi a peça que faltava no seu puzzle de terapia vocal", disse ele. Eu tinha a intenção de deixar de participar nas conferências. Mas ele insistiu em que trabalhássemos juntos a partir desse dia. Ele podia completar a minha apresentação com as explicações anatómicas, fisiológicas, físicas, acústicas, etc., sobre os efeitos do laxvoxing, nos nossos workshops mais longos na Europa e nos EUA. No ano seguinte estivemos na Conferência Mundial da Voz em Istambul. - Até agora ele aumentou os meus conhecimentos em muitos domínios.

Algumas pessoas encaram este exercício com preconceito e hesitam, outras olham apenas para o tubo, outras concentram-se na água a borbulhar. O objetivo é sentir e notar as sensações de feedback multicanal e as correcções críticas que ocorrem simultaneamente quando o tubo está na água durante a fonação. Muitas pessoas que procuram ajuda notam a mudança imediatamente, após a primeira tentativa com este instrumento simples. Com ele, exercitam os seus bons hábitos vocais. Ganham esperança e um objetivo para um treino independente e, com o tempo, livram-se dos pensamentos desagradáveis sobre a fala.

Há pessoas que acreditam que não sabem cantar. Simplesmente não se aperceberam de que o discurso tem melodia e entoação, dando um significado especial à sua mensagem. O discurso vivo é mais fácil do que o monótono. Tanto quanto sei, o laxvoxing não fez mal a ninguém. Se o fizer, deixe de o fazer e tente de outra forma. - Não me considero um professor de canto, mas acredito que este exercício irá esclarecer o significado múltiplo dos outros exercícios e pode ser um bom começo para qualquer estudo da voz utilizado em conjunto com as outras ideias do terapeuta.

A fonação através do "alongamento do trato vocal", tubo LAX VOX à água, aumenta a pressão do ar oral, e desta forma expande as vias respiratórias ou o chamado "trato vocal". A caraterística mais importante é que mantém as vias orais e laríngeas espaçosas durante toda a frase de fala ou canto. Isto acontece mesmo quando o laxante está simultaneamente a fazer outra coisa, a mexer ou a usar as mãos. Podemos assim diferenciar os trabalhos musculares, e evitar a intervenção de músculos incorrectos na fala.

Quanto mais fundo o tubo estiver na água, mais fortes serão as musculaturas envolvidas na produção da voz. Simultaneamente, regula as partes do instrumento vocal para uma função interactiva óptima, prevenindo os processos prejudiciais. Desta forma, o treino LAX VOX ou "laxvoxing" aprofunda a compreensão das interacções entre o corpo e a voz, que podemos controlar intencionalmente. A compreensão dos factos anatómicos e fisiológicos essenciais torna-se um meio realista para corrigir e controlar o comportamento vocal. Depois de algumas tentativas de laxvoxing, podemos fazer os mesmos movimentos ou funções só de pensar neles, graças à memória muscular, "a adaptação fisiológica do corpo à repetição de uma atividade física, resultando num aumento do controlo neuromuscular quando se realiza essa atividade novamente". A repetição do desempenho vocal ótimo em várias tarefas vocais é o maior benefício deste exercício.

Na educação vocal, a postura corporal ideal e a consequente laringe livre, bem como a respiração adequada para a fala, sempre foram destacadas. Se aparecer um problema de voz, a correção mais rápida é fazer uma pausa longa para verificar e corrigir a postura. A correção de um destes factores é seguida de melhorias nos outros, como um efeito dominó: postura > laringe livre > respiração profunda. O reconhecimento da postura ideal é respirar "mais fundo", pois a caixa torácica pode alargar-se na medida exigida pela tarefa vocal cantada ou falada. O ato popular que todos nós conhecemos é pensar em bocejar ou suspirar. Estes actos alargam a parte superior do corpo quando o ar entra.

- Pode haver pessoas que procuram ajuda e que já sabem tudo, mas não estão familiarizadas com o treino do tubo LAX VOX. Gostam dele como uma forma fácil que funciona mesmo sem orientação cognitiva. Ao mesmo tempo, há outras pessoas que querem instruções exactas e precisam de números para se certificarem de que treinam da forma correcta. Estas pessoas devem ser encorajadas à espontaneidade. As experiências, os conhecimentos, os sentimentos e a auto-consciência da própria voz natural criam o modelo para a perfeição vocal.

Uma vez, a médica entrou no meu quarto com os seus alunos e um doente infeliz que explicava a miséria com uma voz suave e lacrimosa. De repente, senti necessidade de a interromper, perguntando-lhe: "Tens sonhos, recordações agradáveis ou coisas de que gostes?" Ela levantou a cabeça, olhou para mim a sorrir e começou a contar algo com a voz normal de uma pessoa feliz. Eu disse-lhe. "oh, essa é a tua voz?" De repente, toda a gente sorriu. - Ela sentia-se demasiado sozinha em casa. Claro que também podia desfrutar da curta terapia.

B.   Vamos começar o Iaxvoxing - aprender a ajudar-nos a nós próprios

Em geral, não existem regras rígidas na minha terapia ou para o exercício LAX VOX. Os exercícios de relaxamento foram anteriormente incluídos nas sessões de terapia vocal. Na minha terapia, o meu objetivo é, durante a sessão de terapia, ajudar o paciente a encontrar a forma descontraída de se comportar no seu trabalho, e estar sempre numa postura de trabalho descontraída ao falar. É útil praticar a forma de pronunciar claramente o próprio nome, a morada, o nome da empresa para a qual trabalha. É surpreendente como isso pode ser difícil para muitas pessoas. Isto facilita a aplicação de bons hábitos vocais a todas as suas actividades diárias.

Competências essenciais para uma utilização saudável da voz

Manter a relação equilibrada entre a cabeça, o pescoço e o corpo durante a fala e o canto - em todas as posturas

Para deixar o maxilar livre, os lábios estão juntos, os dentes separados

© Inspirar por via nasal durante as paragens e pausas do discurso

Deixar a caixa torácica mover-se durante a respiração

Sentir como os músculos abdominais profundos controlam a corrente de ar

Utilizar a flexibilidade da coluna vertebral

No início da primeira sessão de terapia é entregue ao cliente o tubo de silicone LAX VOX e uma garrafa de água para as mãos e para guardar. Eles provocam surpresa. A surpresa é uma reação que desperta a curiosidade, ajuda a concentrar-se e a esquecer tudo o resto. A atenção deve estar centrada no bio-feedback multicanal simultâneo e claro para o utilizador. É importante começar o treino a partir da fonação /u:/ mais simples, e ir desenvolvendo a técnica até chegar a frases mais complicadas e longas. É fácil!

A água pode estar em qualquer tipo de recipiente ou prato, um copo, uma jarra, uma chávena ou - um lago! Uma garrafa de plástico é a mais prática, leve e não deixa cair água. Comece com as experiências de tubo mais simples e deixe a pessoa analisar as sensações e as funções do corpo. Se necessário, o terapeuta pode dar um modelo e demonstrar o que fazer. - Este jogo desperta sentimentos de esperança e de sucesso.

Na primeira sessão de treino, utilizar cerca de 5 cm de altura de água num copo ou garrafa. Nos primeiros ensaios, incline o tubo não mais do que 2-3 cm dentro da água. Siga a ordem dada acima e vocalize, estudando, a pouca força que precisa para fazer a água borbulhar. Teste várias profundidades, passo a passo, uma resistência até 10 cm ou mais fortalece a musculatura e a respiração. Evite todos os maus pressentimentos! Tente de novo.

A ordem das etapas é a seguinte:

1. primeira tentativa de vocalização do /u:/ curto e longo, **sem o tubo,**

2. depois o mesmo **no tubo**, marcando a diferença

3. vocalizando para dentro **do tubo na água,**

4. vocalizar o **tubo fora de água,** marcando a diferença

5. vocalizar **sem o tubo** - ou o contrário

Todos sabemos que há pessoas que não gostam de seguir regras, outras que exigem regras e números exactos, outras que não entendem instruções verbais e precisam de instruções por escrito. Há quem não se considere suficientemente bom. Mas" confiamos na nossa própria experiência". Por isso, vamos permitir-lhes, e a nós próprios, o que funciona melhor. Os clientes confiam nas suas sensações e opiniões sobre o que é correto, e testam as suas ideias. Eles apreciarão as experiências, as sensações informativas e os seus insights. Tanto o paciente como o terapeuta podem, durante algum tempo, esquecer as regras e instruções anteriores e estudar a sua própria voz de um outro ponto de vista. Compare os resultados com o seu entendimento anterior.

? Agora, o que sentiste?

? Que músculos estavam activos?

? O que é que era diferente no sopro e na voz?

? O que é que era diferente nos arremessos altos e baixos?

No final da primeira sessão, os formandos receberão instruções escritas e visíveis para verificarem os pormenores durante os seus momentos de treino diários frequentes, de 1 a 5 minutos ou mais, em casa e no trabalho. Quanto mais frequentemente se treina, menos se precisa de orientação. No entanto, é aconselhável ter mais algumas sessões de terapia para verificar o desempenho, para discutir os tópicos que possam surgir, as experiências e a fisiologia por detrás delas.

Sugiro que o pensamento da respiração seja "colocado de lado", e a voz

ou seja, o controlo do fluxo de ar para os músculos abdominais baixos. De facto, como a respiração é um sistema automático extremamente complicado que nos mantém vivos, não devemos pensar nela

demasiado. Não se esqueçam de fazer pausas. Quando nos apercebemos de alguma coisa, reparamos nas diferenças e escolhemos o mais fácil. Não impeça o natural de acontecer.

Alguns aprendizes apanham a ideia em poucos minutos, outros continuam a treinar com as melodias mais simples. Surpreendentemente, isso também ajuda. A compreensão do conhecimento subjacente não é necessária para todos os alunos! Eles adquiriram o "conhecimento silencioso". Demasiadas palavras e conceitos podem ser confusos para eles. Em vez disso, um conjunto de melodias escolhidas ou uma melodia de canção em mente dá ritmo e variação de altura ao exercício e é agradável. Podem ser repetidas em várias alturas. Foi interessante observar que mesmo uma pessoa que acreditava não saber cantar, foi capaz de imitar o tom de alarme de dois tons do carro de bombeiros.

Avance para ensaios mais complicados e para a melodia da sua canção favorita ou para uma variação improvisada de altura longa. É aconselhável começar os deslizamentos do agudo para o grave, e depois voltar, repetidamente. Intuitivamente, respiramos melhor antes de começar uma melodia em tom alto. Recomendo a melodia comummente conhecida "Are you sleeping etc." ou "Happy birthday to you etc.", que não exige qualquer esforço de memória. O aprendente pode concentrar-se nas actividades corporais.

É interessante verificar quanto tempo se consegue fonar com uma só respiração. Dez segundos é considerado o mínimo, 20 segundos é bom, mais tempo é muito bom. É um bom treino. Consegue cantar toda a melodia de "are you sleeping" numa só respiração? Se não, faça-o mais depressa e aprenderá muito. Também podemos verificar e especificar a nossa própria gama de tom de voz suave, analisando os passos desde o tom da fala até ao tom mais alto possível. Este pode ser mais alto do que esperava. Depois, a partir do tom médio, vá lentamente até ao mais baixo possível. O limite inferior pode ser encontrado com a mandíbula a cair. Quando é feito com o tubo LAX VOX em água que mantém as configurações laríngeas toleráveis, não é prejudicial. Depois disso, as pessoas ficam surpreendidas com a facilidade de cantar em tons altos.

Um professor fez um **kit** mãos-livres, **um** saco com dois bolsos, um **para** o tubo, outro **para** a tampa do biberão, **para** ser usado sempre que precisar das mãos, em casa, **no**

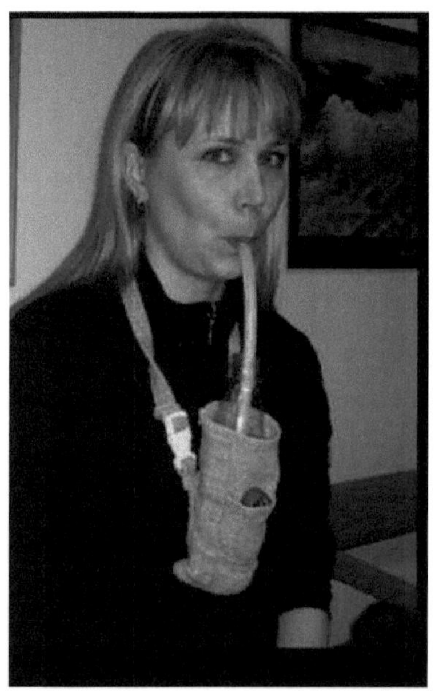

A mucosa bem humedecida **oscila facilmente**, ou seja, as **pregas** vocais vibram com baixa pressão **do ar expirado, sem esforço** adicional. Normalmente, **a tarefa do nariz** é aquecer, limpar **e** humedecer o ar **inalado durante a** fala. Mas há muitas **causas** que **desidratam** a **mucosa:** ar seco **em** salas aquecidas ou temperaturas frias no inverno, ar condicionado, **doenças,** medicação, poluição **atmosférica** e **o** hábito de inspirar ar por via oral **ao** falar demasiado **depressa** ou ao **dormir**. Especialmente o revestimento mucoso das pregas vocais necessita de hidratação.

A **hidratação** da mucosa tem sido um tema ignorado. O **copo** de água toca a zona oral mas **não** toca as **pregas** vocais. No entanto, uma **deglutição** relaxa a **musculatura laríngea**. Os danos podem ser prevenidos com meios tradicionais, como a humidificação **do ar** ambiente e a **inalação** de vapor, utilizando um **lavador nasal**. A **maneira mais** fácil é **inalar a** névoa de um "inalador de tubo de água" de plástico **leve e portátil pela** boca e **pelo** nariz!

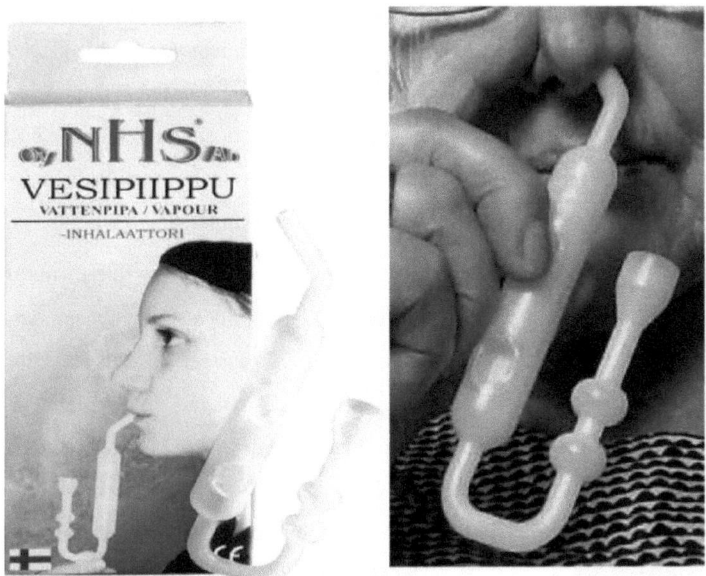

Há aspectos importantes que os oradores devem ter em conta do ponto de vista do público. Menciono apenas dois: a importância da inalação preparatória, ou seja, aviso que não se deve falar demasiado depressa, e o facto de que, na audiência, há muito provavelmente pessoas que não ouvem bem. O nível da nossa audição não pode ser visto nos rostos. Mesmo os jovens podem ter uma audição reduzida.

Quando os oradores são apressados e tentam dizer demasiadas palavras numa só respiração, não têm tempo para inalar normalmente. Como o orador precisa de ar para gerar a voz, ele ou ela inspira forçosamente o ar por via oral. É o tipo de voz que ouvimos e vemos muito bem na televisão, graças aos excelentes microfones. A inalação oral seca a mucosa do trato vocal (as vias respiratórias). Para compensar, os músculos errados do aparelho vocal tornam-se activos. Os problemas de voz surgem se esta se tornar a forma habitual de falar. A voz aguda e monótona do orador transmite mensagens emocionais erradas. Tenho reparado que os jovens modernos são muito bons a falar demasiado depressa. Façam isso e sentirão e saberão

Outro problema comum para os ouvintes é o facto de os oradores não manterem o volume de voz adequado. A pessoa que fala para um grupo deve ter isso em conta e falar suficientemente alto, não só no início, mas continuamente. Não deve hesitar em utilizar o microfone. Antes do discurso, o orador deve informar-se sobre a forma de o utilizar. Outro aspeto é que o orador deve estar de frente para o público, mesmo quando utiliza apresentações projectadas. A leitura labial deve ser possível para quem tem problemas de audição. É normal que a audição diminua com a idade e que a voz se torne fraca. Quando os ouvintes não ouvem e não vêem corretamente, perdem o interesse, ficam aborrecidos e não conseguem acompanhar a apresentação. O pior é que a informação partilhada e as mensagens não chegam aos ouvintes. O orador deve imaginar-se no lugar de um ouvinte.

A limpeza da garganta, a tosse, os gemidos, os gritos e os berros reflectem fortemente o nosso estado emocional. Estes sons e vocalizações devem ser evitados, pois induzem em erro os pensamentos do ouvinte. Em vez disso, são benéficos os passatempos fáceis para a solidão, a respiração nasal sonora ou o zumbido (labial /m:/, lingual /n:/, uvular /ng/), os exercícios labiais, o canto, o laxvoxing ou a leitura em voz alta. Podem ser passatempos adequados para manter boas funções respiratórias e vocais nessas situações. Marco: Várias entoações e tensões isoladas, como várias entoações de "humming" curto e longo, são significativas e muito usadas, significando "Yes!", Okey". "É verdade?", "Não, não!", "Oh, agora estou a ver!" Etc. - Os cuidados com a voz são muito importantes para todos nós, mas infelizmente os conhecimentos não são perfeitos.

Uma forma extrema de falar é muito devagar, palavra por palavra. Os bons oradores dizem frases curtas, fazem pausas bastante longas, dizem algumas frases repetidamente, falam alto e claro, usam o microfone e, dessa forma, são capazes de falar bem o tempo que for necessário. Que foram treinados por um treinador de voz. Preparam-se cuidadosamente, reflectem sobre o que dizem (e não dizem, menos é mais) e, por isso, a inalação nasal e a duração de uma frase são conjugadas. - Estas pausas são presentes para os processos cognitivos do ouvinte, o que significa que ele compreende plenamente a mensagem. - E porquê falar, se o ouvinte não tem a possibilidade de compreender plenamente a mensagem. Isto pode ser treinado lendo um livro em voz alta e fechando a boca a cada sinal de pontuação.

O treino LAX VOX pode servir na terapia como ferramenta de diagnóstico. O treino pode
então ser direcionado para o aspeto especificado. A tarefa do tutor é guiar o aprendente, de
forma suave e discreta, para os desempenhos óptimos, adequados à tarefa e à situação de
fala, reconhecê-los e especificar o que implicam. Por exemplo, algumas pessoas estão tão
convencidas dos seus defeitos em "cantar", que é aconselhável evitar essa palavra no início,
se o paciente não a estiver a usar. Pode usar outras palavras como "como se produz o /u/
curto e o /u/ longo", "faça depois de mim", r etc.

Um exercício de postura com o tubo de silicone: a postura
ideal ao esticar o tubo e a coluna vertebral paralelamente à gravidade, verticalmente,
seguindo as exigências da melodia. Segurar o tubo junto ao osso do peito. Encontre os
músculos abdominais e das costas que controlam as variações de tom. E pode senti-lo!

C.   Casos surpreendentes

1. Voz rouca

Uma senhora idosa com voz rouca veio fazer terapia, pois já não conseguia fazer compras e
outras coisas entre as pessoas da cidade. Quando a vi, quase pensei que não sabia como a
ajudar. Depois, dei-lhe um tubo e comecei a "dar lições", como já referi. Que surpresa para

mim! Ela pegou no tubo e na garrafa de água e fez as primeiras experiências seguindo cuidadosamente os meus conselhos. Na sessão seguinte, contou-me que tinha pegado no seu velho livro de canções e que, a partir dele, laxava as canções uma após outra, todos os versos, todos os dias. As canções traziam-lhe belas recordações à mente e ela gostava disso. Começou por notar a melhoria quando falava com os amigos por telefone. Depois, os amigos ficaram surpreendidos com a sua boa voz. Passadas algumas semanas, voltou a visitar-me e disse: "Recuperei a minha auto-confiança!" Agora vou dizer na fila de espera aos que a substituem:" bem, sim, tenho 86 anos, mas isso não tem significado aqui! E ela riu-se, rimo-nos juntas. Ela precisava que eu verificasse alguns trechos de canções. Vinha com intervalos de algumas semanas e tinha histórias interessantes para contar. Depois, uma vez, disse: Agora tenho um problema! Não tenho tempo para ler o livro que gostaria de ler, porque as tarefas domésticas estão a gritar. - Sugeri-lhe que deixasse de fazer limpezas dia sim, dia não. Não, disse ela, tenho de o fazer. Caso contrário, fico com a consciência pesada. Depois, recostou-se e deixou soar uma bela gargalhada. Tinha muitas doenças e abandonou as actividades de grupo, em parte porque a sua audição já não era boa. Alguns anos mais tarde, vi no jornal que ela tinha morrido com 92 anos de idade.

2. Tremor

Um "homem muito idoso", com tremor na voz. Deixou de poder utilizar o telefone para comunicar devido ao tremor da voz. O seu neurologista disse que nada pode ser feito para melhorar a voz. Será verdade, perguntava-se ele? Por acaso eu estava lá e perguntaram-me se podia "levá-lo". Não me pude negar. Dei-lhe um tubo e uma garrafa de água, e começámos o Iaxvoxing. - Ele estava muito feliz e treinou conscientemente. Inacreditável, a rapidez com que se ajudou a si próprio! Os seus familiares e amigos ficaram maravilhados e, passado um mês, ele disse que tinha começado a cantar, sem nunca ter cantado.

3. Paresia das pregas vocais

Um velho professor, cantor amador, sofria de paresia das pregas vocais. Estava muito triste com a sua voz ofegante e fraca. Não estava satisfeito com a terapia vocal que tinha efectuado. Telefonou-me e estava pronto para apanhar um comboio e vir ter comigo. - Tinha ideias fixas baseadas nos ensinamentos de um cantor de ópera da sua juventude. Na respiração, concentrava-se nos movimentos do abdómen, em vez da caixa torácica e dos lados. - Ele fez o que lhe pedi com o LAX VOX, mas senti a sua incredulidade. Mais tarde, falámos sobre a sua progressão ao telefone. Antes da paresia das pregas vocais, tinha dado muitos concertos, gravados em CD. Mais tarde, passado um ano ou dois, telefonou-me e disse: "Agora tenho de lhe agradecer mais uma vez e confessar que tem razão. O melhor de tudo é que aprendi uma nova forma eficaz de cantar e respirar"

4. Voz fraca e rouca.

Uma mulher idosa com voz fraca e rouca tinha de viajar várias horas para vir à terapia da voz a partir da sua casa no campo. Vivia sozinha e já não tinha muitos contactos com outras pessoas. Era-lhe difícil falar ao telefone com uma voz clara. - Fez laxvox durante algumas semanas e veio ter comigo para a segunda sessão. O treino foi um prazer para ela. A sua voz era clara e tinha um belo toque. Ela notou que agora consegue respirar muito melhor. "Isto devia ser um passatempo obrigatório para as pessoas idosas", disse ela. De certeza que ensinou a habilidade de Iaxvoxing aos seus conhecidos - e eles vão divertir-se a cantar juntos as suas adoráveis canções de juventude!

5. Fadiga vocal e ausência do som /k/-.

Veio um homem de 40 anos com fenda palatina, fadiga vocal e ausência do som /k/-. No início, disse que a sua voz se quebrava quando comunicava aos gritos no trabalho em grandes máquinas. Rapidamente, contou a tragédia mais profunda da sua vida. Nasceu com fenda palatina. Nessa altura, tinha uma vida muito limitada, pois era considerado um atrasado mental. Mas tinha aprendido muito com a terapia da fala. Falava tão bem que eu não tinha reparado na falta de palavras, incluindo o som /k/ - na sua fala corrente. - Bem, dei-lhe um tubo e deixei-o fazer os exercícios. - Ele vivia bastante longe do hospital e veio passado um mês, mais ou menos, e disse ao entrar no meu quarto "kukko kiekuu ja kana kotkottaa" (um galo a-doodle-duos, uma galinha cacareja). Fiquei surpreendido. A sua voz era muito impressionante, boa e bonita. Mostrou-me como tinha estado a treinar. Tinha uma garrafa de 1,5 litros e 20 cm de água dentro - era um homem alto e forte. Ficámos contentes! Passado um ano, ele queria que eu o visse. Quase não acreditei nos meus olhos e não o teria reconhecido. Ele tinha mudado tanto no sentido positivo e tinha-se tornado socialmente ativo. Disse que agora não conseguia evitar provocar os homens que o tinham tratado, usando o maior número possível de palavras /k/.

6. Papilomatose

Um homem com papilomatose enviou uma mensagem de correio eletrónico, perguntando se o LAX VOX o poderia ajudar, uma vez que sofria de papilomatose há 25 anos. Falar com a sua voz extremamente rouca exigia um grande esforço. Ele não ia a lado nenhum para se encontrar com pessoas. - Aconselhei-o, em primeiro lugar, a comprar um amplificador de voz pessoal e a utilizá-lo permanentemente. Enviei-lhe por correio eletrónico as páginas de instruções e enviei-lhe um tubo de silicone. Um dia telefonou-me e pude ouvir a sua voz melhorar. Com o auxílio do microfone, já conseguia falar com menos esforço audível, um homem praticamente sem mucosa das pregas vocais. Espero que um dia, no futuro, ele possa ter uma mucosa artificial! Muito feliz, veio encontrar-se comigo numa conferência em Londres. Contou-me que se tinha arriscado e que tinha ido ao pub para se encontrar com os seus amigos. Tinha sido um grande sucesso. Ficámos muito contentes.

7. Interrupções de voz

Um doente do sexo masculino disse que a sua **voz quebra** quando tem de falar alto. Pensava que não era possível treinar cantando (fonação longa). Ora, o Iaxvoxing não precisa da "habilidade de cantar". - Falei a sua linguagem, sobre o aumento e a diminuição da pressão e a utilização dos músculos. Marquei a melodia num papel com linhas verticais (representando a altura) e horizontais (representando o tempo). Ele queria levar o desenho numa folha de papel para casa. Graças ao seu treino ansioso em casa, foi capaz de cantar a melodia corretamente no final das três sessões de terapia vocal. Foi um milagre para nós os dois. Isso ainda não percebi. - Também a música em notas pode ser útil. - Creio que ele não estava habituado a cantar desde a infância.

8. O problema de voz de um adolescente

Uma vez, um rapaz inteligente, na sua puberdade, quis ser encaminhado para terapia da voz, pois não se atrevia a falar fora de casa, porque a sua voz estava a estalar, um problema mutacional de que nunca tinha ouvido falar. Ele tinha-o mais cedo do que os seus colegas de turma. Tinha combinado com os professores que não precisava de falar durante as aulas. Estava muito angustiado e decidiu acabar a escola nessa primavera. - Foi-lhe dada uma aula de LAX VOX, tal como a todos os doentes que me foram encaminhados. Planeou como poderia praticar secretamente em casa sem que os familiares se apercebessem. Os seus familiares estavam habituados às variações vocais estranhas e não fizeram comentários.

Muito rapidamente conseguiu controlar a voz, mas quando entrou pelo portão da escola, não se atreveu a dizer nada. Durante as férias de verão, trabalha com pessoas idosas. - O seu discurso, que o encorajei a utilizar desde o início, era excelente. Elogiei-o de todo o coração e acreditei que os idosos iriam gostar dele. Ele quis ver-me em setembro para me ouvir e ver como estava feliz. A visão do seu novo hábito e do seu novo estado de espírito trouxe-me lágrimas aos olhos. "Agora gosto de falar, sou muito falador", diz. É claro que ele queria acabar a escola. Na escola, ninguém notou a mudança. Não sabiam do problema! - Agora talvez tenha uma profissão e uma família - esqueci-me do seu nome.

9. Voz de Husky

Um rapaz no início da adolescência foi-me enviado, porque os seus familiares estavam preocupados com a voz rouca do rapaz. Rapidamente me apercebi que ele era um daqueles que fala muito e alto, e que dava uma impressão de precocidade. É óbvio que não gostou do que o pai lhe tinha dito sobre a voz -. Afinal, ele fazia tudo corretamente o que eu lhe pedia para fazer. Depois de várias sessões, percebi que ele não treina nada em casa. Ele próprio não se preocupava com a sua voz. - Tive a ideia de lhe pedir que colocasse a extremidade do tubo junto ao ouvido e a outra extremidade junto aos lábios e que cantasse "duuduuuuduu". No momento em que ele ouviu a sua voz dessa forma, vi-o ficar pálido e calado. Pela primeira vez, ele apercebeu-se da sua rouquidão... Felizmente, eu já lhe tinha dado todos os conselhos. Mais uma vez, disse-lhe que podia chamar-me se quisesse voltar. Ao pai, disse que o rapaz agora pode tratar ele próprio da sua formação.

10. Vozes perdidas:

Antes do LAX VOX, tínhamos alguns doentes sem voz que, inesperadamente, tinham perdido a voz e não conseguiam falar em voz alta, sem encontrar uma razão visível. Primeiro, uma professora tinha perdido a capacidade de falar em voz alta e, alguns meses mais tarde, o mesmo aconteceu a uma das suas alunas. - Quando a menina, depois de algumas semanas sem voz, me foi encaminhada, comecei por a deixar deitar-se na cadeira fisioacústica para relaxar. Depois expliquei-lhe como a voz se gera naturalmente no sistema respiratório. A seguir, aconselhei-a a levantar-se *muito lentamente* e a *inclinar-se gradualmente para baixo*. Nessa postura, pedi-lhe que fonasse *muito suavemente* /hm:/, várias vezes. Depois, pedi-lhe que endireitasse o corpo *com muita cautela* durante o cantarolar. - Vi nos seus olhos que a menina tinha o desejo ardente de voltar a falar. Permiti-lhe então que levantasse a voz, que cantasse uma melodia fácil e que a cantasse normalmente. Lembro-me sempre da mãe em lágrimas quando a filha feliz na sala de espera saltou para o seu colo e lhe disse algo normalmente. - Nestes casos, o tubo "mágico" LAX VOX tem uma utilidade enorme. - A professora tinha recebido uma pequena terapia semelhante na minha sala.

11. Uma criança nascida surda com implante auditivo

E um homem com perda de audição utilizou o tubo LAX VOX e aprendeu a controlar a entoação da sua voz em frases ao falar, graças ao feedback de vibração.

12. Nódulos vocais persistentes

Uma jovem senhora com nódulos vocais persistentes veio à terapia. O médico tinha detectado nódulos graves, mas queriam experimentar a terapia antes da cirurgia. Ela era muito enérgica e sociável, passando muito tempo em bares a cantar karaoke. Os membros da sua família tinham hábitos de fala gritante. Ela aprendeu os exercícios e compreendeu o sistema e a ergonomia da voz. Melhorou os seus hábitos de vida. Em poucos meses, os nódulos desapareceram. Foi para o estrangeiro durante alguns meses e os nódulos voltaram a aparecer. Confessa que não consegue controlar a sua energia em determinadas situações. Sentia-se muito infeliz por esse facto. - Não sei como é que ela está agora. Sabemos que, nesse tipo de casos, os nódulos voltam mesmo no pós-operatório. De qualquer forma, ela tem o tubo.

13. Nariz empalhado

Uma vez, o médico entrou no meu quarto com uma doente que se lamentava da sua respiração: "Nunca mais consigo respirar pelo nariz!", e a sua voz dizia muito do seu estado de depressão. O médico não encontrou nada no nariz ou na laringe. - "Oh, pobre de mim! Por onde hei-de começar?" pensei eu. - Por intuição, peguei num inalador de cachimbo de água, coloquei-lhe uma colher de chá de água e disse-lhe num tom que a fizesse acreditar que este era um dos truques habituais: Agora, coloca cuidadosamente esta ponta fina na tua narina e fecha a outra narina com o teu dedo. Depois cheira três vezes e ouve-se um som borbulhante. Depois, faça imediatamente o mesmo na outra narina". Ela fez isso, tirou o inalador do nariz e começou a falar. Oh, ficámos todos surpreendidos como ela! Tinha uma voz bonita, quando disse: "O que é isto, agora tenho o nariz aberto! Posso respirar! É esta a minha voz!" - Durante muito tempo, sentiu-se só e deprimida.

14. Mucosa desidratada e seca

Um professor com mucosas desidratadas e secas e, consequentemente, fala difícil e voz que não funciona bem. A causa eram as frequentes viagens de avião e as conferências em vários locais do mundo. O homem, alto mas magro, entrou no meu quarto. O seu rosto era sério, mas não estava zangado, e não revelou nada quando lhe dei o tubo, água e as minhas explicações habituais. Fez o que lhe pedi com o pequeno inalador de tubo de água e o tubo LAX VOX. A falta de expressão fez-me duvidar um pouco. - Quando voltou, duas semanas mais tarde, entrou com o rosto meio sorridente, balançando o tubo LAX VOX na extremidade entre dois dedos e disse: "Nunca teria acreditado nisto." - Como professor de técnica, tinha compreendido tão bem os efeitos e o significado da viscosidade da mucosa e tinha-o verificado na prática.

15. Teste próprio do microfone portátil

Para terminar a lista de surpresas, conto um caso da minha própria utilização da voz. - Tinha prometido dar uma palestra de três horas sobre ergonomia da voz e sobre cuidados pessoais com a voz a um grupo de trinta professores. Quando lá cheguei, o diretor da escola disse que lamentava ter de sair para outra reunião e perguntou-me se podia encurtar a sessão para duas horas. Para mim, tudo bem. - Nessa noite, utilizei pela primeira vez um amplificador de voz pessoal durante a apresentação. Já o tinha recomendado a muitas pessoas que têm de falar no trabalho em ambientes ruidosos ou durante muito tempo. - Depois de ter ensinado como utilizar o tubo LAX VOX, o inalador de tubo de água e outros tópicos adequados, que normalmente incluo nas minhas apresentações de duas horas, fiz (dei-lhes) uma pequena pausa silenciosa. Os membros da audiência começaram a fazer perguntas sobre os tópicos que queriam saber. Nenhum deles pareceu aperceber-se da passagem do tempo e olhar para os seus relógios. -Continuei durante mais uma hora e depois desliguei o computador. Os professores ficaram ali sentados até que uma das senhoras disse: "Isto nunca tinha acontecido antes. Normalmente, o primeiro professor tem de sair ao fim de 45 minutos. Depois, um após o outro sai da sala. No final, restam apenas algumas pessoas na plateia".

Depois da apresentação, também não estava nada cansado. Durante a viagem de regresso a casa, reflecti e analisei a sessão. Consegui falar normalmente, seguindo o meu ritmo normal de respiração, fazendo pausas, utilizando os acentos adequados e variando a minha voz de forma eloquente. O público acompanhou-me facilmente e o seu cérebro teve a possibilidade de processar o que tinha ouvido. Havia uma atmosfera muito confortável e agradável na sala, graças ao amplificador de voz. - "Não", diz o meu marido, "foi porque a apresentação era muito interessante".

Atualmente, existe uma grande variedade de aparelhos de amplificação de voz portáteis disponíveis para os locais que ainda sentem a sua falta. Por vezes, há aparelhos de excelente qualidade instalados, mas o orador não consegue utilizá-los, ou não está habituado a eles, ou a ouvir a sua própria voz. - A voz deve levar as mensagens faladas aos ouvidos dos ouvintes e corresponder ao seu nível de capacidade auditiva. Os ouvintes de todas as idades podem ter problemas de audição. Nas apresentações, o orador deve, ou tem segurança, utilizar prontamente um microfone e aprender a utilizá-lo.

O tubo LAX VOX e a água estão na garrafa!

"Vamos embora agora?!"

D. O estudo de acompanhamento de um ano da terapia vocal breve assistida por tubo LAX VOX® à luz dos perfis de ativação e participação da voz e dos questionários de sintomas

Introdução

A terapia da voz é um processo interativo entre um paciente e um terapeuta. Aronson (1) definiu os objectivos da terapia vocal clínica como um esforço para devolver a fonação do paciente a um nível de desempenho realisticamente alcançável e que satisfaça as necessidades profissionais e sociais do paciente. Tradicionalmente, o tratamento consiste numa parte cognitiva que se concentra na ergonomia vocal e numa parte de treino de exercícios, que visam alterar o comportamento do paciente durante a produção da voz. Os exercícios vocais específicos relativos à postura, ao relaxamento, à respiração, à fonação e à articulação baseiam-se na experiência dos especialistas da voz. É um facto que cada terapeuta utiliza os exercícios de forma pessoal, escolhendo os elementos de exercício adequados.

Como os oradores profissionais e os utilizadores profissionais da voz não têm tempo para uma terapia vocal longa, a maioria deles procura apenas alguns exercícios práticos aplicados ao seu problema particular e ao seu trabalho. Para encurtar o tempo de espera, o número de sessões individuais de terapia vocal foi reduzido e teve de ser criado um procedimento de terapia vocal de curta duração. O curso da terapia e as sessões individuais tiveram de ser modificados. O primeiro objetivo vocal é uma voz de trabalho fácil de produzir, agradável de ouvir, resistente e adaptável às exigências profissionais e às necessidades sociais. O desafio mais importante foi despoletar o processo de aprendizagem no paciente e ensinar estratégias preventivas, visando e motivando para o cuidado independente da própria voz.

A partir da primeira sessão de terapia, a interação com o terapeuta deve transmitir "primeiros socorros" aos pacientes da voz que combinam os conhecimentos da pedagogia, da educação do canto, da vocologia, da foniatria e da psicologia com a experiência dos terapeutas clínicos da voz (2). É do conhecimento geral que o fazer, a repetição ativa e consciente de exercícios com biofeedback consciente, facilita a aprendizagem. Para o efeito, utilizámos um jogo vocal que pode ser familiar a muitos desde a infância, ou seja, fonações num tubo de silicone imerso em água, o que dá um biofeedback múltiplo. O tubo de silicone flexível e inerte tinha 35 cm de comprimento, com uma abertura de 9 mm e paredes de 1 mm, e foi designado por tubo LAX VOX®. Estas três características do tubo revelaram-se essenciais para a manutenção simultânea da postura corporal correcta e, consequentemente, para a liberdade do sistema laríngeo e da respiração ao longo das frases vocais. O biofeedback fornece ao aluno uma ideia holística da produção de uma voz saudável. Entrelaçados com a parte cognitiva da terapia, os exercícios de fonação no tubo ofereceram uma forma prática e fácil de converter o conceito invisível e obscuro da voz em comportamento físico.

O resultado da terapia é normalmente medido com vários parâmetros semi-objectivos (3). A interpretação dos resultados da terapia, mesmo os parâmetros medidos instrumentalmente e computorizados a partir de amostras gravadas de estudos de campo ou recolhidas numa cabina, é normalmente bastante problemática. Os estudos raramente são comparáveis entre si. Existe uma grande variação intra e inter-individual normal nas expressões faladas, dependendo de factores como o humor, o tópico, a situação, as condições, a saúde e a condição física. O tom, a intensidade e o esforço da fala variam de muitas formas e por várias razões. Os resultados devem ser interpretados pela pessoa que efectuou a medição da voz. O ouvido humano com audição compreende melhor a voz. Em contextos clínicos, é natural estudar os resultados da terapia do ponto de vista do paciente, através de inquéritos sobre as suas queixas e as medidas efectuadas. Isto também permite compreender a utilidade dos inúmeros quocientes computorizados e de outras medidas. Os programas visuais computorizados dão um feedback bem-vindo aos alunos e formadores de voz.

Uma forma mais fiável de avaliar os efeitos da terapia é medir vários factores envolvidos, mas a interpretação dos resultados pode não ajudar na terapia. A recolha simultânea de relatórios de queixas subjectivas dos doentes ajuda na interpretação e é uma forma natural e importante de medir o resultado da terapia do ponto de vista do doente. Queríamos fazer algo realista. O foco foi deslocado da avaliação das características da qualidade da voz disfónica para o conhecimento pessoal que o paciente recebeu durante os exercícios através do biofeedback multicanal. Desta forma, o aluno toma consciência da sua capacidade de produzir voz facilmente. Tal como no treino de outras capacidades motoras, a repetição frequente da melhor técnica possível dá ao silencioso conhecimento do modelo motor e do objetivo do treino. Mesmo algumas sessões de terapia parecem inspirar o treino, melhorar a auto-confiança, dar esperança ao paciente que pode ser incapaz de trabalhar ou ter medo de perder o emprego. Além disso, podem habituar-se a uma boa ergonomia vocal. Até à data, os efeitos a longo prazo de uma utilização sistemática do exercício com o tubo de silicone LAX VOX® como terapia da voz não foram estudados em condições clínicas.

O objetivo do estudo

O presente estudo tem como objetivo descrever e estudar o método de terapia vocal breve de curta duração LAX VOX® - tubo assistido, focando os sintomas vocais auto-relatados, o bem-estar e as suas alterações durante e após a terapia. O possível alívio das queixas dos pacientes que acompanham as intervenções clínicas pode ser revelado.

O material do presente estudo pertence a um projeto de estudo de acompanhamento no

Ambulatório de Foniatria do Hospital Universitário de Tampere. O projeto de estudo mediu a eficácia da terapia vocal de curta duração com o parâmetro de qualidade de vida, o parâmetro de qualidade de vida relacionada com a voz VAPP, (Ma et al.2001) análise acústica de amostras de voz, bem como os sintomas clínicos antes e depois da terapia de curta duração, e repetidamente 6 e 12 meses após a terapia. O projeto de estudo foi aprovado pelo Comité de Ética da Região de Saúde de Pirkanmaa (em 18 de novembro de 2003). Este artigo apresenta os resultados da terapia assistida com LAX VOX® à luz de dois questionários.

Método

Temas

Todos os pacientes adultos com voz que deram entrada no Serviço de Foniatria do Hospital Universitário de Tampere, de 1 de janeiro de 2004 a 31 de maio de 2005, foram convidados a participar no projeto. 142 deles deram o seu consentimento por escrito, de acordo com os princípios da Declaração de Helsínquia. Foram excluídos do estudo os doentes com menos de 18 anos, os doentes com cancro da laringe, os doentes com um problema de voz transgénero e os doentes que já tinham recebido terapia vocal nos últimos dois anos.

Os pacientes foram escolhidos aleatoriamente para um dos dois terapeutas. 79 dos pacientes iniciaram a terapia com EM. 24 eram do sexo masculino, com uma média de idades de 44,9 (DP ± 15,6) anos, enquanto 55 eram do sexo feminino, com uma média de idades de 45,1 (± 11,8) anos. Do total, 21 pacientes foram excluídos da análise por diversos motivos, como questionários incompletos ou menos de três atendimentos, experiência prévia de terapia, problemas de voz superados sem terapia ou porque o paciente interrompeu a terapia por motivos próprios. O número de pacientes deste estudo é 58.

Investigação foniátrica

Quando os primeiros questionários (Q1) foram preenchidos, um dos dois foniatras envolvidos no projeto examinou cada paciente durante 45 minutos, realizando um exame vídeo-estroboscópico de feedback da laringe para obter um diagnóstico médico exato. Deram também alguns conselhos primários de cuidados vocais aos pacientes. Foi prescrito o tratamento das possíveis patologias de base (laringite, DRGE, etc.) e os doentes foram aleatoriamente encaminhados para um dos dois terapeutas da voz experientes para uma terapia vocal a curto prazo.

Questionários

O questionário de sintomas disfónicos continha oito das queixas de voz mais comuns e quatro sintomas conexos nomeados por pacientes com voz anterior: fadiga vocal, perda de voz, rouquidão, necessidade de limpar a garganta, sensações laríngeas, falhas na projeção da voz, fala com esforço e quebras de voz. A gravidade de cada sintoma foi indicada numa Escala Visual Analógica (EVA) de 100 mm de comprimento. Os questionários de sintomas Q1, Q2, Q3, Q4 e Q5 foram analisados neste estudo.

A tradução finlandesa do Voice Activity and Participation Profile (Sukanen et al. 2006) foi utilizada para medir o bem-estar dos sujeitos. (APÊNDICE 3). O impacto da disfonia na estimativa da própria voz, a ativação vocal e a participação no trabalho, na comunicação diária e social e nas emoções foram medidos com marcas numa escala visual analógica (VAPP) de 100 mm de comprimento. - Os doentes não viram as suas respostas anteriores e o terapeuta não viu os formulários preenchidos.

Cerca de três semanas (média de 22 dias, variação de 3 a 101 dias) após o exame médico, os pacientes participaram na primeira (Q2) das 3 a 5 sessões de terapia vocal, cada uma com a duração de 60 minutos. O número de sessões dependia do desejo subjetivo individual do paciente em relação à terapia. O questionário Q3 foi preenchido após a última sessão de terapia. Em muitos casos, o paciente teve de alterar o horário da consulta por várias razões (trabalho, doença, etc.). Na maioria dos casos, a terapia foi concluída como planeado no prazo de 3-5 semanas (média de 37 dias, intervalo 11-123). As sessões de acompanhamento incluíam discussões e instruções avançadas. Se o sujeito desejasse, estavam disponíveis mais sessões de terapia.

O calendário temporal do acompanhamento:

(Q 1. Preenchida em casa antes da primeira visita ao médico; não incluída neste estudo)

Q 2. antes da primeira sessão de terapia,

Q 3. imediatamente após a última sessão de terapia

$_{Q4}$ após seis meses; Formação diária independente e voz própria$^{Q\cdot}$ observação

Q 5. um ano após a última sessão de terapia

Durante os intervalos: **treino diário independente** e momentos de observação da própria voz

Os sujeitos foram classificados em três grupos, de acordo com as suas necessidades de carga vocal, de fala e de canto: falantes **profissionais**: professores, conferencistas, etc., falantes **profissionais** que falam muito no trabalho, como telefonistas ou enfermeiros, etc., frequentemente em condições exigentes. **"outros"**, incluindo reformados, estudantes e pessoas desocupadas. -

O curso da terapia vocal de curta duração

Para chamar a atenção do paciente para as questões essenciais, foram feitas duas perguntas padrão no início da terapia: "Qual é a sua ideia de voz?" e "Como é que produz a voz?" Poucas pessoas souberam responder às perguntas "ar vibrante sentido pelo ouvido" e "a voz é gerada no sistema respiratório". Desta forma, começámos por acertar no ponto, despertando obviamente a surpresa e a concentração, a curiosidade e evitando discussões. Ninguém tinha feito este exercício antes. Aprendemos a usar a voz para comunicar quando somos bebés. A voz é uma atividade automática natural, tal como andar. Não se torna consciente antes de termos alguma dificuldade em a utilizar. Nessa altura, as pessoas ficam stressadas e precisam de ajuda, pois não fazem ideia de como "recuperar a voz". A maior parte das vezes, não estão interessadas em factos anatómicos. O conjunto básico de conhecimentos sobre a produção da voz, incluindo a importância de uma boa postura, a vibração óptima da mucosa das pregas vocais e a utilização adequada do ar respirável, foi descrito aos doentes com ilustrações escolhidas, explicado verbalmente e discutido. De seguida, os doentes foram orientados para a realização correcta dos exercícios LAX VOX® escolhidos individualmente. O seu efeito foi reforçado com o biofeedback multicanal. O recipiente de água deve ser segurado perto do osso do peito sem forçar os ombros, fonando primeiro o mais fácil, um /u:/, e depois prolongando-o seguindo uma melodia fácil. Em primeiro lugar, o tubo LAX VOX® foi introduzido na água a uma profundidade não superior a 3-5 cm. A outra extremidade do tubo foi colocada entre os dentes. O comprimento do tubo, de cerca de 35 cm, assegurou uma boa postura erecta, de modo a que a cabeça do doente permanecesse direita enquanto este fonava longos /u:/ para o tubo. É fundamental que seja o tubo flexível a inclinar-se para baixo e não a cabeça da pessoa. A espessura do tubo (0 9/11 mm) manteve os dentes afastados e a articulação do maxilar livre, mas não forçou a boca demasiado aberta. Os lábios são suaves e ligeiramente salientes à volta do tubo. O relaxamento da mandíbula activou automaticamente os músculos abdominais para controlar o fluxo de ar.

Mais tarde, para transferir a função normal conseguida com a sonda para a fala quotidiana, o exercício foi realizado sem a sonda, passando depois a vocalizar e a cantarolar hmmm, a palavras isoladas, frases, sentenças e à sua fala quotidiana. O doente recebeu um tubo para guardar. Uma página de instruções de tamanho A4 foi a única orientação escrita que o doente recebeu. (Ver os pormenores no apêndice 3).

A parte crucial da terapia teve lugar entre as sessões, quando as pessoas utilizavam diariamente o tubo em casa e talvez no trabalho. Foram instruídos a aquecer a voz de manhã antes do trabalho e a praticar várias vezes por dia, e encorajados a continuar a fazê-lo mesmo depois de terminada a terapia. Durante as sessões seguintes, foram discutidas as exigências ambientais da fala dos doentes e os seus efeitos na fala. Foram aconselhados a ter em conta a ergonomia da voz e a verificar a sua postura da cabeça e a tensão da mandíbula também no trabalho, corrigindo-as imediatamente, se encontrassem erros. É importante que os doentes identifiquem eles próprios as razões do seu problema de voz e aprendam a corrigi-las. Isto é aprender fazendo.

Análise estatística

Devido à assimetria dos desvios, foram utilizadas medianas (MD) e intervalos interquartis (IQ) para ilustrar os sintomas. As diferenças nos sintomas entre as sessões de terapia foram testadas pelo teste de Wilcoxon signed ranks. As análises estatísticas foram efectuadas com o programa SPSS for Windows, versão 14.0.1 (SPSS Inc., Chicago, Il, USA).

Resultados

Alterações dos sintomas disfónicos

Na situação de base da terapia, a fadiga vocal, as sensações laríngeas, o pigarro e a rouquidão da voz foram os sintomas mais comuns. Quase todos os pacientes também se queixaram de falhas na projeção da voz, perdas de voz, fala com esforço e quebras de voz. As tensões no pescoço e nos ombros e as dificuldades ocasionais de deglutição foram sintomas associados surpreendentemente comuns, e muitos dos doentes tiveram dores de cabeça repetidas e afastaram-se dos contactos sociais devido a problemas de fala. Os sintomas mais comuns foram também os mais fortes: rouquidão, pigarro, fadiga vocal e sensações laríngeas e perdas de voz. A gravidade e a variação dos sintomas podem ser observadas na tabela 1. E 2. e nas figuras 1. e 2 e 3,4 e 5.

As pontuações variaram ao longo da terapia. As alterações temporais encontradas entre as medições antes da terapia e as medições posteriores apresentam valores de p estatisticamente significativos: a severidade dos sintomas diminuiu como se pode ver na Figura 1, antes da primeira sessão de terapia (Q2), que ocorreu cerca de três semanas após a visita à investigação foniátrica, o alívio já era aparente no pigarro (p<0.001), sensações laríngeas (p=0,006) e esforço extra (0,009), enquanto que uma tendência decrescente (p<0,05) foi encontrada também na rouquidão, perdas de voz, disfagia, quebras de voz e tensões NS.

Tabela 1. Valores de p para as alterações desde a linha de base até ao final do seguimento: p1 (Q1 Q2 Q3 Q4 Q5) testado com o teste de Friedman. As alterações do ponto temporal Q2 para Q3 (p2), Q2 para Q4 (p3) e de Q2 para Q5 (p4) foram testadas com o teste de Wilcoxon. As diferenças entre Q4-Q2 (p5) e Q5-Q2 (p6) foram testadas com o teste t de uma amostra (n=58).

	P1	P2	P3	P4	P5	P6
Cansaço vocal	<0.001	0,01	<0.001	<0.001	<0.001	0,001
Necessidade de limpar a garganta	<0.001	0,08	0,009	0,011	0,012	0,043
Rouquidão ou outro sintoma disfónico	<0.001	0,01	0,001	0,003	0,001	0,013
Dificuldade de projeção da voz	<0.001	0,15	0,004	0,032	0,005	0,078
Interrupções de voz	0,02	0,45	0,017	0,194	0,067	0,321
Perdas de voz	0,001	0,11	0,015	0,407	0,016	0,478
Sensações laríngeas nocivas	<0.001	0,16	0,012	0,024	0,02	0,052
Esforço para falar	<0.001	0,14	0,018	0,118	0,028	0,138
Tensões no pescoço e nos ombros	0,002	0,38	0,202	0,556	0,297	0,45
Disfagia	0,001	0,58	0,118	0,973	0,362	0,88
Dores de cabeça repetidas	0,006	0,32	0,516	0,094	0,937	0,059
Afastamento dos contactos orais	0,006	0,11	0,091	0,706	0,171	0,549

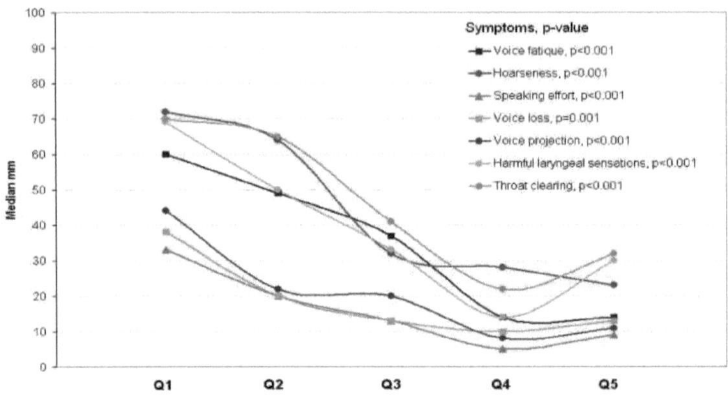

Figura 1. As curvas que ilustram as variações do valor mediano dos sintomas: antes da investigação laríngea Q1, pré-terapia Q2 a pós-terapia Q3, seis Q4 e doze Q5 meses após a terapia vocal de curta duração, medida pelas estimativas subjectivas dos doentes em VAS de 100 mm e os valores de p correspondentes (teste de postos assinados de Wilcoxon). N= 58.

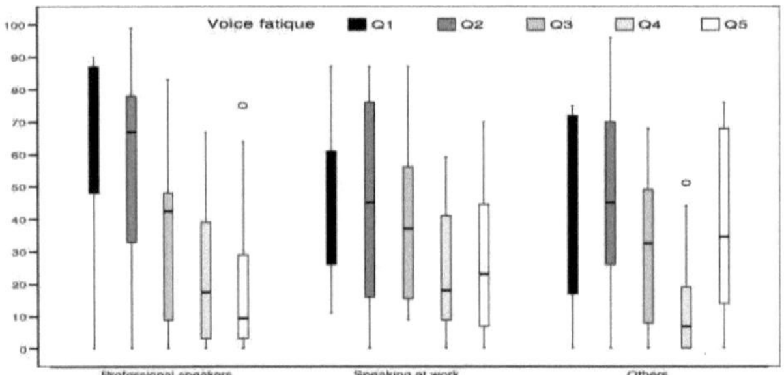

Figura 2. Distribuições dos valores dos escores dos sintomas de **fadiga vocal** de acordo com o tipo de uso da voz, em medições sucessivas, **ilustradas** como interquartis, variação interindividual (uma caixa), medianas (marca horizontal dentro da caixa) e intervalos ("bigodes"): à esquerda falantes profissionais, no meio falantes ocupacionais, à direita outros. - As opiniões subjectivas foram marcadas numa EVA de 100 mm de comprimento, no eixo vertical. (N=58)

Mudanças na ativação da voz e na participação

Tabela 2. Distribuições do VAPP 1 e VAPP 5 expressas pelas medianas (Md) e intervalos interquartis (IQR). Os resultados entre as questões foram testados pelo teste do sinal. (N=35).

		VAPP 1		VAPP 2		Teste do sinal
Q	Campo	Md	[IQR]	Md	[IQR]	valor de p
1	A experiência do paciente	57	[29-70]	30	[13-50]	<0.001
2		65	[25.5-78]	14	[4-33]	<0.001
3	Efeito no emprego	8	[0-21]	2	[0-6]	0,02
4		41	[7.5-70]	5	[1-19.75]	0,00
5		7	1-26.5]	4	[1-14.75]	0,13

6		26	[9-54]	8	[2-21]	<0.001
7		30	[8-66]	4	[1-16]	<0.001
8		10	[2.75-40.5]	5	[1-13]	0,00
9		8	[2-41]	3	[0.75-8.5]	0,00
10		10	[3-42.5]	3	[1-19]	0,00
11	Diário	9,5	[2.75-35]	3	[0-8]	0,00
12	comunicação	52	[12-75]	8	[1-46]	<0.001
13		44	[8-67]	3	[1-25]	<0.001
14		22	[4.5-51.5]	4	[1-18]	<0.001
15		12	[1.5-57]	3	[0-14]	<0.001
16		20,5	[5.25-45.5]	3	[1-21]	<0.001
17		30	[7-65]	5	[1-21]	<0.001
18		14	[6-52]	3	[1-17]	0,02
19	Actividades sociais	15	[6-48]	4	[1-19]	0,00
20		13	[5-39]	6,5	[0.75-19.5]	0,00
21		10	[1-44]	3	[0-12]	0,02
22		38	[11-61]	4	[1-26]	<0.001
23		37	[9-63]	5	[1-20]	<0.001
24		13	[4-47]	3	[2-18]	0,00
25	Emoções	65	[29-77]	20	[3-43]	<0.001
26		47	[10-72]	14	[2-29]	<0.001
27		16	[6-52]	5	[1-13]	0,03
28		18	[4.75-45]	5	[1-16]	0,04

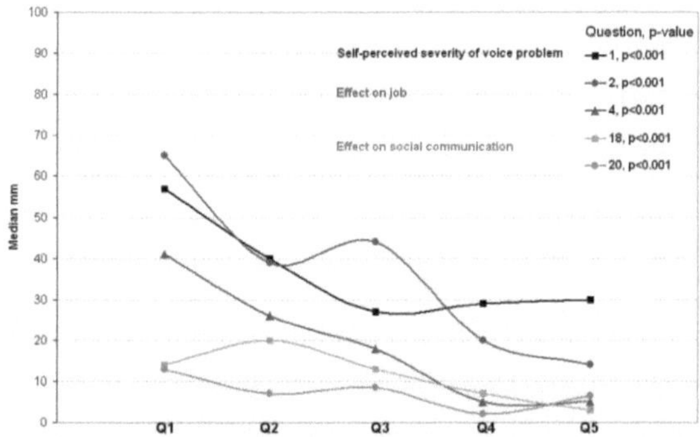

Figura 3. Ilustrações da variação dos valores do escore mediano nas medições sucessivas: os grupos de questões do VAPP-: **gravidade autopercebida dos sintomas de voz, efeito no trabalho e comunicação social**, medidos com EVA de 100 mm de comprimento. Os valores de p pelo teste

Wilcoxon signed ranks. Q1 antes da investigação foniátrica, Q2 antes da terapia vocal, Q3 após a terapia vocal breve, Q4 seis e Q5 doze meses após a terapia vocal. N=58.

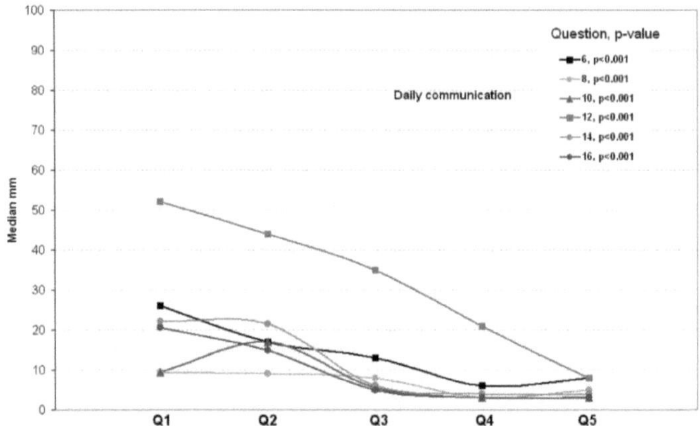

Figura 4. Ilustrações da variação dos valores da pontuação mediana nas medições sucessivas: os grupos de questões do VAPP-: **comunicação diária**, medidos com EVA de 100 mm de comprimento. Os valores de p pelo teste de Wilcoxon signed ranks. Q1 antes da investigação foniátrica, Q2 antes da terapia vocal, Q3 após a terapia vocal breve, Q4 seis e Q5 doze meses após a terapia vocal. N=58.

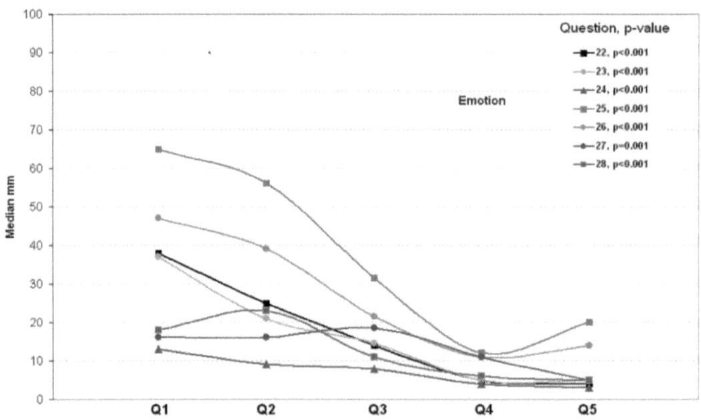

Figura 5. Ilustrações da variação dos valores da pontuação mediana nas medições sucessivas: os grupos de questões da VAPP-: **emoções**, medidos com EVA de 100 mm de comprimento. Os valores de p pelo teste de Wilcoxon signed ranks. Q1 antes da investigação foniátrica, Q2 antes da terapia vocal, Q3 após a terapia vocal breve, Q4 seis e Q5 doze meses após a terapia vocal. N=58.

Discussão

Os resultados mostraram que a investigação da médica e as suas instruções ajudaram os pacientes de forma notável. Houve pacientes que, depois disso e não mais do que três sessões de terapia assistida por LAX VOX® e de autoajuda diária, conseguiram dominar a sua função vocal sem sintomas e sem o anterior stress no trabalho. Sabiam como evitá-los. Nos tempos modernos, o ruído de fundo e o ar seco e poluído dentro e fora das salas, auditórios amplos com acústica inadequada para a fala e a falta das melhores mesas e cadeiras possíveis constituem um problema crescente. O pior fator é que mesmo os oradores profissionais, para não falar dos oradores profissionais, não receberam formação adequada em ergonomia vocal. Após a curta terapia, é muito encorajador para o terapeuta ouvir as pessoas despreocupadas e felizes, que antes eram pacientes deprimidos com a voz. Gostam de contar como aquecem e arrefecem os músculos do seu "instrumento vocal" antes e depois do exigente dia de fala. O uso do microfone ajuda a falar suficientemente devagar e a dar tempo para inalações nasais naturais. Fazer e aprender. É óbvio que os oradores profissionais e os utilizadores da voz têm mais cuidado com o treino diário e, por isso, as suas pontuações nestes questionários melhoraram ainda mais após um ano do início da terapia vocal assistida pelo tubo LAX VOX®.

Conclusões

O exercício em tubo LAX VOX® é uma forma holística, cognitiva e comportamental de corrigir e melhorar a produção da voz. É um exercício simples, de baixo custo e agradável, para as pessoas se ajudarem a si próprias, sempre à mão. É possível utilizá-lo em qualquer altura, e o efeito pode ser notado de imediato. Uma vez aprendido, só o facto de pensar nele pode ajudar. As melhores capacidades vocais, fisiologicamente possíveis, podem ser alcançadas mesmo quando o utilizador não está interessado na teoria. Neste estudo, os sintomas comuns, fadiga vocal, perda de voz, rouquidão, necessidade de limpar a garganta e sensações laríngeas desagradáveis foram estatisticamente aliviados de forma significativa após a terapia vocal breve. A qualidade de vida dependente da voz melhorou significativamente em muitos aspectos. O stress profissional pode ser eliminado através de uma formação preventiva em terapia vocal de curta duração, que pode ser ministrada a um grupo que trabalha em conjunto, nos seus locais de trabalho. A sessão de terapia breve serve para o terapeuta completar o diagnóstico e encontrar adequadamente as palavras para as explicações, e acrescentar mais ensaios.

Literatura

Aronson AE. Clinical voice disorders. New York: Thieme Inc., 1985.

Bele I. Trato vocal artificialmente alongado e constrito em métodos de treino vocal. Log Phon Vocol 2005; 30: 34-40.

Carding P. Evaluating voice therapy. Measuring the effectiveness of treatment. London and Philadelphia: Whurr publishers, 2000.

Gundermann H. Behandlung der gestorten Sprechstimme. Estugarda: Fischer 1977.

Habermann G. Funktionelle Stimmstorungen und ihre Behandlung. Arch. Otorhinolaryngol 1980; 227: 171-345.

Laukkanen A-M. Sobre os chamados "tubos de ressonância" utilizados na prática finlandesa de treino vocal. Scand J Log Phon 1992; 17: 151-161.

Laukkanen A-M, Lindholm P, Vilkman E. Fonação num tubo como método de treino vocal. Acoustic and physiologic observations Folia Phoniat 1995; 47: 331-338.

Lombard LE & Steinhauer KM. Um novo tratamento para a voz hipofónica: terapia twang, J Voice 2006; In Press

Lucero JC. Configuração glótica óptima para facilitar a fonação. J Voice 1998; 12:151158.

Ma E P-M, Yiu E M-L. J of Speech and Hearing Research 2001:44:1092-4388 Mailander E, Mühr L. Barsties B, LAX VOX® as a Voice Training Program for Teachers: Um estudo piloto. No prelo.

Morrison MD, Rammage LA. Distúrbios vocais por uso indevido de músculos: descrição e classificação. Ata Otolaryngol 1993; 113 (3): 428-434.

Netsell. Reabilitação da fala para indivíduos com fala ininteligível e disartria: os sistemas respiratório e velofaríngeo. Journal of Medical Speech-Language Pathology 1998; 6; 107-110.

Sheng Hwa Chen, Tzu-Yu Hsiao, Li-Chun H Hsiao, Yu-Mei Chung & Shu-Chiung Chiang. Outcome of resonant voice therapy for female teachers with voice disorders: percetual, physiological, acoustic, aerodynamic and functional measurements. J Voice 2006; No prelo.

Sihvo M. Voice in test -Studies on Sound Level Measurement and of the Effects of Various Combinations of Environmental Humidity, Speaking Output Level and Body Posture on Voice Range Profiles. Universidade de Tampere, Ata Universitatis Tamperensis 541. Dissertação académica de 1997.

Sihvo M. QUICK, primeiros socorros para pacientes com voz. In: Kjær B J. Editor. Nordisk logopedi og foniatri.

Sovijarvi A. Die Bestimmung der Stimmkategorien mittels Resonanzrohren (Determinação das categorias de voz com tubos de ressonância). Internationaler Kongress Phoniatric Wissenschaft. 1964; 5: 532-535.

Spiess G. Tratamento metodológico da afonia neurológica e de vários outros distúrbios da voz. Arquivos de Laringologia e Rinologia; 1899; 9: 368-376.

Status & undvikling. K0benhavn Audiopedisk Forening, 1994.

Stein L. Distúrbios da fala e da voz e seu tratamento na prática clínica diária. Viena-Leipzig-Bern: Weidmann & Co., 1937.

Story BH, Laukkanen A-M, Titze RI. Acoustic impedance of an artificially lengthened and constricted vocal tract. J Voice 2000; 14: 455-469.

Sukanen O, Sihvo M, Rorarius E, Lehtihalmes M, Autio V, Kleemola L. Voice Activity and Participation Profile (VAPP) na avaliação dos efeitos dos distúrbios da voz na qualidade de vida dos pacientes. Validade e fiabilidade da versão finlandesa do VAPP. Log Phon Vocol 2006; In Press.

Titze I. Treino de voz e terapia com um trato vocal semi-ocluído: fundamentos e bases científicas. J of Speech, Language and hearing Research 2006; 49:448459.

Wingate JM, Brown WS, Shrivastav R, Davenport P & Sapienza C. Treatment outcomes for professional voice users. 2006; No prelo.

APÊNDICE 1

Instruções LAX vox® em resumo

É necessário: um tubo de silicone com 35 cm de comprimento e **9** mm de diâmetro 3-10 cm de água num copo ou numa garrafa

Preparação antes da vocalização

© **Coloque-se** em **frente a** um espelho quando aprender **este** exercício pela primeira vez.

Segurar a garrafa junto ao **corpo,** com **os ombros** para baixo e os braços soltos ao lado do corpo,

Inspire (inspire ar) por via nasal como habitualmente, sinta a **laringe** aberta para a respiração

Colocar uma extremidade do tubo **entre os dentes, por cima da língua.**

© **Envolver suavemente o tubo com os lábios.**

© Mergulhar uma extremidade do tubo **na água a uma profundidade de 2-5** cm, para começar!

© **Marcar os movimentos** respiratórios **automáticos** dos lados e **do baixo** ventre. Podemos controlar os movimentos respiratórios:

> soprar **o** ar de forma eficiente

> aspirar o ar lentamente

> manter o ar dentro

Compare isto com as **suas** funções corporais habituais na posição sentada **e** em **quaisquer** outras **posturas.** A relação entre **a cabeça,** o pescoço e a parte superior **das costas** e **os** ombros deve **ser** livre.

Iniciar as fonações. **Testar** estes procedimentos a diferentes **profundidades do tubo na água.** O fator **decisivo** é o número de cm **de água que** se encontra **no interior do tubo!**

Expanda a caixa torácica e segure o ar antes de iniciar a **fonação** e repita a vogal **curta /u/** para dentro do tubo **suavemente**. A água **vai** borbulhar. Faça-o gradualmente mais **alto**. (feedback dos músculos **abdominais** baixos e **das costas**). - **Quanto mais alto for** o **tom**, mais atividade é necessária. -Prolongar **a vocalização**: /u/, /o/, /y/, /o/, repita **e teste** como consegue fazê-lo. É a **língua** que **molda as vogais.**

Deslizar a voz (**cantar**) primeiro de alto para baixo e depois para cima novamente.

Cante **em /u:/** uma **melodia** simples para o tubo (*Are you sleeping* e ***Happy** birthday).* Depois de cada frase da melodia, assinale o que acontece naturalmente durante a **inspiração**. No início, a pausa pode ser **mais longa** do que **no** canto normal, **e** sentirá os seus **músculos costais** inter **esticarem-se sozinhos quando** o **ar entra**. O sistema **cerebral** controla isto de **acordo com a** necessidade da tarefa **vocal** pretendida.

VOZ SEM O TUBO

- **Fazer** os   os mesmos exercícios **com**   as vogais/uuu/ **ou/oooo/**   (como em 'moo' ou 'more')

sem o tubo.

- Manter **a** boa posição da cabeça e **a** abertura dos lábios **arredondada.**

- Repita **os exercícios** com **os lábios** suavemente unidos e **empurrados para fora**

(cantarolando o som nasal /**m**/).

Quando cantarolamos uma música, a voz é toda *nasal*. Isto significa que todo o ar está a fluir pelo nariz, tal como acontece durante a respiração silenciosa normal. Ao cantarolar (hmmmmm), sentimos vibrações à volta do nariz e da cabeça. Teste isto cantarolando uma melodia e usando conscientemente (tensão) os músculos da parte inferior do corpo. Isto é saudável.

DISCURSO NORMAL

- Repetir expressões e frases habituais, mantendo a postura e a técnica muscular descritas acima, variando a ênfase: Utilizar saudações, como "olá", "oi", "bem-vindo", "como está?", "João Smith", o seu nome, e frases curtas, como "isto está bem", "falar é tão bom", "a conversa é importante para os seres humanos"

- Leia em voz alta frases de um jornal ou de um livro e repita-as, variando a ênfase e o significado das palavras.

Siga estes princípios quando falar e cantar. Quanto mais alto for necessário falar, mais importante é sentir um alongamento nos músculos das costas e do pescoço e deixar entrar ar suficiente pelo nariz.

REPETIR estes exercícios DIARIAMENTE, pelo menos 3 a 5 vezes, durante alguns minutos ou quando se sentir bem de cada vez

- para aquecer e
- arrefecer a voz
- para relaxar os órgãos que produzem a sua voz depois de um discurso exigente

- para evitar problemas de voz

- especialmente, se tiver um problema de voz atual, para evitar que hábitos de voz incorrectos se apoderem de si

- manter a sua voz como um instrumento funcional de comunicação vocal

- quando aprender a controlar a sua voz - e o seu comportamento

BENEFÍCIOS DESTE EXERCÍCIO

O fluxo de voz e o seu reflexo na água aumentam a pressão nas vias respiratórias

- manter as vias respiratórias bem **abertas e** baixar a laringe

- evitar uma tensão **excessiva** da laringe

- contrariar uma colisão forçada das cordas vocais

- massajar e relaxar **os tecidos** moles **da boca** e **da** laringe

Segurar o tubo na boca entre os dentes

- estreita a abertura labial e alarga as cavidades **de ressonância**

- previne a atividade de oclusão e **relaxa o** maxilar

- **mantém a** cabeça na posição vertical correcta durante a vocalização

Como resultado

- Os músculos do **baixo ventre e das costas** produzem automaticamente **a energia** necessária, criando

pressão de ar adequada no trato **vocal,** prevenindo **a garganta** de tensões **prejudiciais.**

- **Os mesmos músculos também** funcionam quando se varia o tom **e a intensidade** da voz.

- **O** feedback **sensorial** facilita **a consciencialização das** funções **holísticas** do **corpo na** produção da voz.

Utilize o **tubo LAX VOX® como um "DETECTOR DE VOZ E DE LOUDNESS":**

Coloque uma extremidade do tubo perto **dos** lábios e a outra extremidade perto da orelha.

Fala para o tubo. Ouvirá a sua voz com muita **precisão, detectará** até as mais **pequenas** alterações e será capaz de a controlar.

- MANTENHA O TUBO DE **SILICONE** LIMPO, frequentemente sob água corrente ou a ferver durante um minuto.

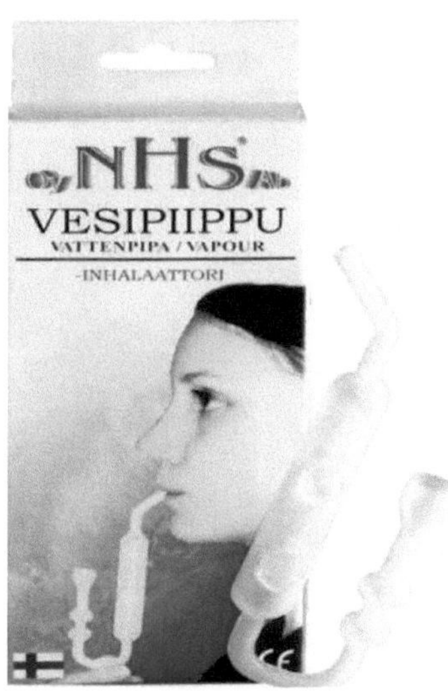

É aconselhável manter a humidade da mucosa das pregas vocais através da inalação de vapor ou névoa.

Isso pode ser feito facilmente **com** o **pequeno inalador** de plástico: http://www.nhs.fi/nhs-vesipiippu ou http://www.yliopistonverkkoapteekki.fi

APÊNDICE 2

O questionário dos sintomas disfónicos

data____/ 200__   Número do assunto ___

Nome IC Homem __

Feminino

Idade ___ anos Profissão anos

Empregador ____

Quantidade de fala ___ h /dia h/ semana

Passatempos vocais coro actividades sociais representação recitação outros

Falo muito reticente sou um orador normal falo alto falo em voz suave

SintomasDoença

Assinale com um sinal (|) a linha no local que descreve a sua situação vocal

Fadiga vocal não muito

A garganta não está sempre a limpar

Rouquidão ou outra má qualidade de som a toda a hora

Problema de projeção não o tempo todo

A voz está sempre a falhar

Perdas de voz não muito

Sensações laríngeas não a toda a hora

Esforços para dizer "não" a toda a hora

Tensões no pescoço e nos ombros

não o tempo todo

Disfagia não o tempo todo

Dores de cabeça não a toda a hora

Fumo cigarros /24 hFumo   há anos

Quando é que os sintomas apareceram pela primeira vez?

Quando e em que situações é que os sintomas aparecem?

Quantas vezes faltou ao trabalho devido a disfonia?

Outros sintomas (azia, dores mamárias, tensões, medos, stress):

Outras doenças diagnosticadas?

Medicação:

Operações:

Terapia vocal anterior:

Expectativas terapêuticas

APÊNDICE 3

	As perguntas dos Perfis de Atividade e Participação de Voz
	Ma E P-M, Yiu E M-L. J of Speech and Hearing Research 2001:44
	Auto-perceção da gravidade do problema de voz
	Qual é a gravidade do seu problema de voz atualmente?　　　Normalsevere
1	Nota: A linha seguinte é utilizada para responder a cada pergunta e aparece por baixo de cada pergunta no perfil original. Por razões de brevidade, as linhas são omitidas no presente apêndice. Por favor, responda às seguintes perguntas colocando uma cruz ("X") na linha que melhor representa a sua resposta. Uma cruz para o lado esquerdo significa que nunca é afetado, enquanto uma cruz para o lado direito significa que é sempre afetado.
	Efeito no emprego
2	O seu trabalho é afetado pelo seu problema de voz?
3	Nos últimos 6 meses, pensou em mudar de emprego devido ao seu problema de voz?
4	O seu problema de voz criou alguma pressão no seu trabalho?
5	Nos últimos 6 meses, o seu problema de voz afectou a sua decisão sobre a sua futura carreira?
	Efeito na comunicação quotidiana
6	As pessoas pedem-lhe para repetir o que acabou de dizer devido ao seu problema de voz?
7	Nos últimos 6 meses, alguma vez evitou falar com pessoas devido ao seu problema de voz?
8	Reduziu a utilização do telefone devido ao seu problema de voz?
9	Nos últimos 6 meses, reduziu a utilização do telefone devido ao seu problema de voz?
10	O seu problema de voz afecta a sua comunicação em ambientes silenciosos?
11	Nos últimos 6 meses, alguma vez evitou ter conversas em ambientes calmos devido ao seu problema de voz?
12	O seu problema de voz afecta a sua comunicação em ambientes ruidosos?
13	Nos últimos 6 meses, alguma vez evitou ter conversas em ambientes ruidosos devido ao seu problema de voz?
14	O seu problema de voz afecta a mensagem quando fala para um grupo de pessoas?
15	Nos últimos 6 meses, alguma vez evitou conversar em grupo devido ao seu problema de voz?

| 16 | O seu problema de voz afecta a transmissão da sua mensagem? |

| 17 | Nos últimos 6 meses, alguma vez evitou falar devido ao seu problema de voz? |

Efeito na comunicação social

| 18 | O problema de voz afecta-o nas actividades sociais? |

| 19 | Nos últimos 6 meses, alguma vez evitou actividades sociais devido ao seu problema de voz? |

| 20 | A sua família, amigos ou colegas de trabalho estão incomodados com o seu problema de voz? |

| 21 | Nos últimos 6 meses, alguma vez evitou comunicar com a sua família, amigos ou colegas de trabalho devido ao seu problema de voz? |

Efeito nas suas emoções

| 22 | Sente-se incomodado com o seu problema de voz? |

| 23 | Sente-se envergonhado com o seu problema de voz? |

| 24 | Tem uma baixa autoestima devido ao seu problema de voz? |

| 25 | Está preocupado com o seu problema de voz? |

| 26 | Sente-se insatisfeito devido ao seu problema de voz? |

| 27 | O seu problema de voz afecta a sua personalidade? |

| 28 | O seu problema de voz afecta a sua autoimagem? |

Printed by Books on Demand GmbH, Norderstedt / Germany